La oración de la
— 1 —

Colección «EL POZO DE SIQUEM»

31

ANTHONY DE MELLO, S.J.

La oración
de la rana
– 1 –

Editorial SAL TERRAE
Santander

1.ª Edición: Abril 1988, 16.000 ejemplares
2.ª Edición: Julio 1988, 10.000 ejemplares
3.ª Edición: Febrero 1989, 10.000 ejemplares
4.ª Edición: Agosto 1989. 10.000 ejemplares

Título del original inglés:
The prayer of the frog
© 1988 by Gujarat Sahitya Prakash
        Anand (India)
Traducción: *Jesús García-Abril, S.J.*
© 1988 by Editorial Sal Terrae
        Guevara, 20
        39001 Santander
Todos los derechos reservados
Con las debidas licencias
Impreso en España. Printed in Spain
I.S.B.N.: 84-293-0803-2
Dep. Legal: BI-1335-89

Fotocomposición: Mogar Linotype, S.A.
                San Millán, 14
                26004 Logroño
Impresión y encuadernación:
                Grafo, S.A. - Bilbao

INDICE

ORACION

SENSIBILIDAD

RELIGION

VII

GRACIA

LOS SANTOS

EL YO

AMOR

VERDAD

XI

PROLOGO

La primera imagen que yo conservo de Tony de Mello es de hace treinta años, y se localiza en Lonavla, en la misma casa que mucho más tarde se convertiría en el Instituto Sadhana.

Tony era entonces un estudiante jesuita, pero ya se dedicaba a enseñar a los jóvenes que acababan de concluir su noviciado. El grupo había subido a la casa de campo de San Estanislao para pasar unas breves vacaciones. Recuerdo que estaban Tony y unos cuantos «juniores», como nosotros les llamamos, pelando patatas a la sombra de unos árboles que había junto a la cocina, y, mientras tanto, él entretenía a sus receptivos oyentes con su inagotable repertorio de chistes.

Desde entonces, muchas cosas nos han ocurrido a todos; el propio Tony pasó en todos estos años por innumerables etapas de crecimiento y de cambio, de campos de dedicación y de interés... y de servicio real. Pero nunca dejó de ser un incomparable narrador de cuentos. Pocas de sus anécdotas eran de su propia cosecha, y algunas ni siquiera eran demasiado buenas; pero en sus labios todas ellas resultaban rebosantes de sentido y de intención, o simplemente divertidas sin más. A este respecto hay que reconocer que cualquier tema que él tocara se hacía vivo e interesante y captaba la atención.

El regalo de despedida que nos ha dejado, y que indudablemente habrá de tener tanto éxito como sus anteriores libros, es «La oración de la rana». Aunque Tony no era muy dado a hablar de su producción literaria, sí era muy meticuloso en la edición de sus obras. Lo último que hizo en la India, antes de tomar el avión para los Estados Unidos, fue pasar más de tres horas con el editor ultimando los detalles de su manuscrito.

Aquello tuvo lugar durante la tarde del 30 de mayo de 1987. Y el 2 de junio lo encontraron muerto en el suelo de la habitación que ocupaba en Nueva York, víctima de un fulminante ataque cardíaco. Entretanto, había tenido tiempo para escribir una larga carta a un íntimo amigo en la que, hablando de sus primeras experiencias, le decía: «Todo ello parece pertenecer a otra época y a otro mundo. Creo que actualmente todo mi interés se centra en otra cosa: en el "mundo del espíritu", y todo lo demás me resulta verdaderamente insignificante y sin importancia. Las cosas que tanto me importaban en el pasado ya no tienen interés para mí. Lo que ahora absorbe todo mi interés son cosas como las de Achaan Chah, el maestro budista, y estoy perdiendo el gusto por otras cosas. No sé si todo esto es una ilusión; lo que sí sé es que nunca en mi vida me había sentido tan feliz y tan libre...»

Estas palabras dan una idea bastante aproximada de cómo era Tony –y de cómo le veían los demás– en su última etapa, antes de que nos dejara tan inesperadamente, cuando faltaban tres meses para que cumpliera cincuenta y seis años. Y ya ha comenzado a surgir en torno a él una serie de libros, una verdadera leyenda dorada, escritos por muy distintas personas de todos los rincones del mundo. No pocas de ellas han afirmado que nunca lo conocieron directamente, pero que habían quedado profundamente afectadas por sus libros. Otras han tenido el privilegio de una profunda relación con él. Y otras sólo han experimentado brevemente la magia de su palabra hablada.

No son muchos los que compartirían plenamente todo cuanto él dijo o hizo, especialmente cuando traspasaba los límites establecidos de la aventura espiritual (ni tampoco Tony esperaba que le siguieran dócilmente, sino más bien todo lo contrario). Lo que a tantos atraía de su persona y sus ideas era precisamente que Tony desafiaba a todos a cuestionar, examinar y liberarse de los modelos establecidos de pensamiento y de conducta, acabar con toda clase de estereotipos y atreverse a ser verdaderamente uno mismo; dicho de otro modo: a buscar una autenticidad cada vez mayor.

Una búsqueda constante de autenticidad: he ahí la impresión que daba Tony desde cualquier punto de vista que se le mirara. Lo cual otorgaba a su polifacética personalidad una integridad, una sensación de totalidad, que poseía un encanto y un magnetismo propios: el de reconciliar los contrarios, no a base de tensión, sino como una mezcla armoniosa. Era la persona más dispuesta del mundo a hacer amigos y a compartir, pero a la vez sentía uno que había en él una dimensión inalcanzable. Su compañía podía ser de lo más divertido, porque era capaz de ensartar, uno tras otro, los chistes más disparatados; pero nadie podía dudar de la absoluta seriedad de su intención. A lo largo de los años cambió mucho y de muchas maneras, pero había una serie de constantes de su carácter que siempre se mantuvieron incólumes.

Un elocuente ejemplo de esto último fue su compromiso como jesuita. Tony había fomentado con extraordinario entusiasmo los Ejercicios Espirituales según el propósito original de San Ignacio (en realidad fue esto lo primero que le hizo ser internacionalmente conocido y apreciado); pero, de hecho, al final de su vida se hallaba bastante lejos de lo que suele entenderse por «espiritualidad ignaciana». Sin embargo, jamás renunció a su identidad jesuítica. Para lo cual, evidentemente, no tenía que hacerse demasiada violencia (ni tampoco, probablemente, demasiados razonamientos). Sencillamante, se sentía en profunda sintonía con la mente y el corazón de Ignacio, a quien supo conocer y comprender.

En una homilía que dirigió a los Provinciales jesuitas de la India en 1983, antes de que éstos y el propio Tony acudieran a Roma a participar en la última Congregación General de la Orden, les hizo partícipes de una idea acerca de Ignacio que, en realidad, era más una auto-revelación:

«Hay una tradición, que se remonta a los primeros Padres de la Compañía, en el sentido de que Dios le había dado a Ignacio las gracias y los carismas que El tenía destinados para toda la Compañía en general y para cada uno de los jesuitas en particular. Si hoy tuviera yo que escoger, tanto para mí como para la Compañía, de entre los muchos carismas de Ignacio, escogería sin dudar los tres siguientes: su contemplación, su creatividad y su valor».

Parmananda R. Divarkar, S.J.
4 de Septiembre de 1987

XV

ADVERTENCIA

Resulta bastante misterioso el hecho de que, aun cuando el corazón humano ansía la Verdad, pues sólo en ella encuentra liberación y deleite, la primera reacción de los seres humanos ante la Verdad sea una reacción de hostilidad y de recelo. Por eso los Maestros espirituales de la humanidad, como Buda y Jesús, idearon un recurso para eludir la oposición de sus oyentes: el relato. Ellos sabían que las palabras más cautivadoras que posee el lenguaje son: «Erase una vez...»; y sabían también que es frecuente oponerse a una verdad, pero que es imposible resistirse a un relato. Vyasa, el autor del «Mahabharata», dice que, si escuchas con atención un relato, nunca volverás a ser el mismo, porque el relato se introducirá en tu corazón y, como si fuera un gusano, acabará royendo todos los obstáculos que se oponen a lo divino. Aunque leas por puro entretenimiento los relatos que figuran en este libro, no hay ninguna garantía de que alguno de ellos no acabe deshaciendo tus defensas en un momento dado y explote cuando menos lo esperes. ¡Estás avisado!

Si eres lo bastante temerario como para buscar la iluminación, te sugiero que hagas lo siguiente:

(A) Escoge un relato y llévalo en tu mente durante el día, de modo que puedas meditar en él en los momentos de ocio. Ello te permitirá ir «trabajando» tu subconsciente, y se te revelará su sentido oculto. Te sorprenderá comprobar cómo te viene, de un modo absolutamente inesperado, justamente cuando necesitas que te ilumine un acontecimiento o una situación y te proporcione perspicacia y bienestar interior. Será entonces cuando comprenderás que, al «exponerte» a estos relatos, estás asistiendo a un Curso de Iluminación para el que no necesitas más «guru» que tú mismo.

(B) Dado que cada uno de estos relatos es una revelación de la Verdad, y dado que la Verdad con «V» mayúscula significa la verdad acerca de ti, cerciórate de que, cada vez que leas un relato, estás buscando resueltamente un más profundo conocimiento de ti mismo. Se trata de que lo leas como si leyeras un libro de medicina –tratando de averiguar si padeces alguno de los síntomas que en él se describen–, no como si leyeras un libro de psicología –aplicando a todos, menos a ti mismo, las distintas rarezas y neuropatías–. Si cedes a la tentación de imaginarte a los demás, los relatos te harán daño.

El Mullah Nasrudin sentía un amor tan apasionado por la verdad que viajaba a los más remotos lugares en busca de expertos en el Corán, y no tenía ningún reparo en enzarzarse en discusiones acerca de las verdades de su fe con los infieles con quienes se topaba en el bazar.

Un día, su mujer le recriminó lo mal que la trataba... ¡y descubrió que su marido no tenía el menor interés en aquella clase de Verdad!

Y, sin embargo, es ésta la única clase de verdad que importa. De hecho, nuestro mundo sería muy diferente si aquellos de nosotros que somos expertos o ideólogos, ya sea en lo religioso o en lo secular, sintiéramos por el auto-conocimiento la misma pasión que manifestamos por nuestras teorías y dogmas.

* * * *

«¡Excelente sermón!», le dijo el feligrés al predicador mientras le estrechaba la mano. «Todo cuanto ha dicho le viene como anillo al dedo a más de uno que yo conozco...»
¿Lo ves?

RECOMENDACION

Es aconsejable leer los relatos en el orden en que han sido dispuestos. No se lea más de uno o dos cada vez... si lo que se desea obtener es algo más que un puro entretenimiento.

NOTA

Los relatos que aparecen en este libro proceden de diversos países, culturas y religiones. Pertenecen, pues, a la herencia espiritual –y al humor popular– de la raza humana.

Lo único que ha hecho el autor ha sido «ensartarlos» con una finalidad específica. Su tarea se ha reducido a tejer y poner a secar. Consiguientemente, no pretende atribuirse ningún mérito en relación a la calidad del algodón y del hilo.

ORACION

ORACION

Una noche, mientras se hallaba en oración, el hermano Bruno se vio interrumpido por el croar de una rana. Pero, al ver que todos sus esfuerzos por ignorar aquel sonido resultaban inútiles, se asomó a la ventana y gritó: «¡Silencio! ¡Estoy rezando!»

Y como el hermano Bruno era un santo, su orden fue obedecida de inmediato: todo ser viviente acalló su voz para crear un silencio que pudiera favorecer su oración.

Pero otro sonido vino entonces a perturbar a Bruno: una voz interior que decía: «Quizás a Dios le agrade tanto el croar de esa rana como el recitado de tus salmos...» «¿Qué puede haber en el croar de una rana que resulte agradable a los oídos de Dios?», fue la displicente respuesta de Bruno. Pero la voz siguió hablando: «¿Por qué crees tú que inventó Dios el sonido?»

Bruno decidió averiguar el porqué. Se asomó de nuevo a la ventana y ordenó: «¡Canta!» Y el rítmico croar de la rana volvió a llenar el aire, con el acompañamiento de todas las ranas del lugar. Y cuando Bruno prestó atención al sonido, éste dejó de crisparle, porque descubrió que, si dejaba de resistirse a él, el croar de las ranas servía, de hecho, para enriquecer el silencio de la noche.

Y una vez descubierto esto, el corazón de Bruno se sintió en armonía con el universo, y por primera vez en su vida comprendió lo que significa orar.

ORACION

Un cuento «hasídico»:

Los judíos de una pequeña ciudad rusa esperaban ansiosos la llegada de un rabino. Se trataba de un acontecimiento poco frecuente, y por eso habían dedicado mucho tiempo a preparar las preguntas que iban a hacerle.

Cuando, al fin, llegó y se reunieron con él en el ayuntamiento, el rabino pudo palpar la tensión reinante mientras todos se disponían a escuchar las respuestas que él iba a darles.

Al principio no dijo nada, sino que se limitó a mirarles fijamente a los ojos, a la vez que tarareaba insistentemente una melodía. Pronto empezó todo el mundo a tararear. Entonces el rabino se puso a cantar, y todos le imitaron. Luego comenzó a balancearse y a danzar con gestos solemnes y rítmicos, y todos hicieron lo mismo. Al cabo de un rato, estaban todos tan enfrascados en la danza y tan absortos en sus movimientos que parecían insensibles a todo lo demás; de este modo, todo el mundo quedó restablecido y curado de la fragmentación interior que nos aparta de la Verdad.

ORACION

Transcurrió casi una hora hasta que la danza, cada vez más lenta, acabó cesando. Una vez liberados de su tensión interior, todos se sentaron, disfrutando de la silenciosa paz que invadía el recinto. Entonces pronunció el rabino sus únicas palabras de aquella noche: «Espero haber respondido a vuestras preguntas».

Cuando le preguntaron a un derviche por qué daba culto a Dios por medio de la danza, respondió: «Porque dar culto a Dios significa morir al propio yo. Ahora bien, la danza mata al yo; cuando el yo muere, todos los problemas mueren con él; y donde no está el yo, está el Amor, está Dios».

* * * *

El Maestro se sentó con sus discípulos en el patio de butacas y les dijo: «Todos vosotros habéis *oído* y *pronunciado* muchas oraciones. Me gustaría que esta noche *vierais* una».

En aquel momento se alzó el telón y comenzó el ballet.

ORACION

Un santo sufí partió en peregrinación a La Meca. Al llegar a las inmediaciones de la ciudad, se tendió junto al camino, agotado del viaje. Y apenas se había dormido cuando se vio bruscamente despertado por un airado peregrino: «¡En este momento en que todos los creyentes inclinan su cabeza hacia La Meca, se te ocurre a ti apuntar con tus pies hacia el sagrado lugar...! ¿Qué clase de musulmán eres tú?»

El sufí no se movió; se limitó a abrir los ojos y a decir: «Hermano, ¿querrías hacerme el favor de colocar mis pies de manera que no apunten hacia el Señor?»

La oración de un devoto al Señor Vishnú:

«Señor, te pido perdón por mis tres mayores pecados: ante todo, por haber peregrinado a tus muchos santuarios olvidando que estás presente en todas partes; en segundo lugar, por haber implorado tantas veces tu ayuda olvidando que mi bienestar te preocupa más a ti que a mí; y, por último, por estar aquí pidiéndote que me perdones, cuando sé perfectamente que nuestros pecados nos son perdonados antes de que los cometamos».

6

ORACION

Tras muchos años de esfuerzos, un inventor descubrió el arte de hacer fuego. Tomó consigo sus instrumentos y se fue a las nevadas regiones del norte, donde inició a una tribu en el mencionado arte y en sus ventajas. La gente quedó tan encantada con semejante novedad que ni siquiera se le ocurrió dar las gracias al inventor, el cual desapareció de allí un buen día sin que nadie se percatara. Como era uno de esos pocos seres humanos dotados de grandeza de ánimo, no deseaba ser recordado ni que le rindieran honores; lo único que buscaba era la satisfacción de saber que alguien se había beneficiado de su descubrimiento.

La siguiente tribu a la que llegó se mostró tan deseosa de aprender como la primera. Pero sus sacerdotes, celosos de la influencia de aquel extraño, lo asesinaron y, para acallar cualquier sospecha, entronizaron un retrato del Gran Inventor en el altar mayor del templo, creando una liturgia para honrar su nombre y mantener viva su memoria y teniendo gran cuidado de que no se alterara ni se omitiera una sola rúbrica de la mencionada liturgia. Los instrumentos para hacer fuego fueron cuidadosamente guardados en un cofre, y se hizo correr el rumor de que curaban de sus dolencias a todo aquel que pusiera sus manos sobre ellos con fe.

El propio Sumo Sacerdote se encargó de escribir una Vida del Inventor, la cual se convirtió en el Libro Sagrado, que presentaba su amorosa bondad como un ejemplo a imitar por todos, encomiaba sus gloriosas obras y hacía de su naturaleza sobrehumana un artículo de fe.

Los sacerdotes se aseguraban de que el Libro fuera transmitido a las generaciones futuras, mientras ellos se reservaban el poder de interpretar el sentido de sus palabras y el significado de su sagrada vida y muerte, castigando inexorablemente con la muerte o la excomunión a cualquiera que se desviara de la doctrina por ellos establecida. Y la gente, atrapada de lleno en toda una red de deberes religiosos, olvidó por completo el arte de hacer fuego.

De las Vidas de los Padres del Desierto:

El abad Lot fue a ver al abad José y le dijo: «Padre, de acuerdo con mis posibilidades, he guardado mi pequeña regla y he observado mi humilde ayuno, mi oración, mi meditación y mi silencio contemplativo; y en la medida de lo posible, mantengo mi corazón limpio de malos pensamientos. ¿Qué más debo hacer?»

En respuesta, el anciano se puso en pie, elevó hacia el cielo sus manos, cuyos dedos se tornaron en otras tantas antorchas encendidas, y dijo: «Ni más ni menos que esto: transformarte totalmente en fuego».

ORACION

Un zapatero remendón acudió al rabino Isaac de Ger y le dijo: «No sé qué hacer con mi oración de la mañana. Mis clientes son personas pobres que no tienen más que un par de zapatos. Yo se los recojo a última hora del día y me paso la noche trabajando; al amanecer, aún me queda trabajo por hacer si quiero que todos ellos los tengan listos para ir a trabajar. Y mi pregunta es: ¿Qué debo hacer con mi oración de la mañana?».

«¿Qué has venido haciendo hasta ahora?», preguntó el rabino.

«Unas veces hago la oración a todo correr y vuelvo enseguida a mi trabajo; pero eso me hace sentirme mal. Otras veces dejo que se me pase la hora de la oración, y también entonces tengo la sensación de haber faltado; y de vez en cuando, al levantar el martillo para golpear un zapato, casi puedo escuchar cómo mi corazón suspira: "¡Qué desgraciado soy, pues no soy capaz de hacer mi oración de la mañana...!"»

Le respondió el rabino: «Si yo fuera Dios, apreciaría más ese suspiro que la oración».

ORACION

Un cuento hasídico:

Un pobre campesino que regresaba del mercado a altas horas de la noche descubrió de pronto que no llevaba consigo su libro de oraciones. Se hallaba en medio del bosque y se le había salido una rueda de su carreta, y el pobre hombre estaba muy afligido pensando que aquel día no iba a poder recitar sus oraciones.

Entonces se le ocurrió orar del siguiente modo: «He cometido una verdadera estupidez, Señor: he salido de casa esta mañana sin mi libro de oraciones, y tengo tan poca memoria que no soy capaz de recitar sin él una sola oración. De manera que voy a hacer una cosa: voy a recitar cinco veces el alfabeto muy despacio, y tú, que conoces todas las oraciones, puedes juntar las letras y formar esas oraciones que yo soy incapaz de recordar».

Y el Señor dijo a sus ángeles: «De todas la oraciones que he escuchado hoy, ésta ha sido, sin duda alguna, la mejor, porque ha brotado de un corazón sencillo y sincero».

ORACION

Es costumbre entre los católicos confesar los pecados a un sacerdote y recibir de éste la absolución como un signo del perdón de Dios. Pero existe el peligro, demasiado frecuente, de que los penitentes hagan uso de ello como si fuese una especie de garantía o certificado que les vaya a librar del justo castigo divino, con lo cual confían más en la absolución del sacerdote que en la misericordia de Dios.

He aquí lo que pensó hacer Perugini, un pintor italiano de la Edad Media, cuando estuviera a punto de morir: no recurrir a la confesión si veía que, movido por el miedo, trataba de salvar su piel, porque eso sería un sacrilegio y un insulto a Dios.

Su mujer, que no sabía nada de la decisión del artista, le preguntó en cierta ocasión si no le daba miedo morir sin confesión. Y Perugini le contestó: «Míralo de este modo, querida: mi profesión es la de pintor, y creo haber destacado como tal. La profesión de Dios consiste en perdonar; y si él es tan bueno en su profesión como lo he sido yo en la mía, no veo razón alguna para tener miedo».

ORACION

El sabio indio Narada era un devoto del Señor Hari. Tan grande era su devoción que un día sintió la tentación de pensar que no había nadie en todo el mundo que amara a Dios más que él.

El Señor leyó en su corazón y le dijo: «Narada, ve a la ciudad que hay a orillas del Ganges y busca a un devoto mío que vive allí. Te vendrá bien vivir en su compañía».

Así lo hizo Narada, y se encontró con un labrador que todos los días se levantaba muy temprano, pronunciaba el nombre de Hari una sola vez, tomaba su arado y se iba al campo, donde trabajaba durante toda la jornada. Por la noche, justo antes de dormirse, pronunciaba otra vez el nombre de Hari. Y Narada pensó: «¿Cómo puede ser un devoto de Dios este patán, que se pasa el día enfrascado en sus ocupaciones terrenales?»

Entonces el Señor le dijo a Narada: «Toma un cuenco, llénalo de leche hasta el borde y paséate con él por la ciudad. Luego vuelve aquí sin haber derramado una sola gota»

Narada hizo lo que se le había ordenado.

ORACION

«¿Cuántas veces te has acordado de mí mientras paseabas por la ciudad?», le preguntó el Señor.

«Ni una sola vez, Señor», respondió Narada. «¿Cómo podía hacerlo si tenía que estar pendiente del cuenco de leche?»

Y el Señor le dijo: «Ese cuenco ha absorbido tu atención de tal manera que me has olvidado por completo. Pero fíjate en ese campesino, que, a pesar de tener que cuidar de toda una familia, se acuerda de mí dos veces al día».

ORACION

El cura del pueblo era un santo varón al que acudía la gente cuando se veía en algún aprieto. Entonces él solía retirarse a un determinado lugar del bosque, donde recitaba una oración especial. Dios escuchaba siempre su oración, y el pueblo recibía la ayuda deseada.

Murió el cura, y la gente, cuando se veía en apuros, seguía acudiendo a su sucesor, el cual no era ningún santo, pero conocía el secreto del lugar concreto del bosque y la oración especial. Entonces iba allá y decía: «Señor, tú sabes que no soy un santo. Pero estoy seguro de que no vas a hacer que mi gente pague las consecuencias... De modo que escucha mi oración y ven en nuestra ayuda». Y Dios escuchaba su oración, y el pueblo recibía la ayuda deseada.

También este segundo cura murió, y también la gente, cuando se veía en dificultades, seguía acudiendo a su sucesor, el cual conocía la oración especial, pero no el lugar del bosque. De manera que decía: «¿Qué más te da a ti, Señor, un lugar que otro? Escucha, pues, mi oración y ven en nuestra ayuda». Y una vez más, Dios escuchaba su oración, y el pueblo recibía la ayuda deseada.

Pero también este cura murió, y la gente, cuando se veía con problemas, seguía acudiendo a su sucesor, el cual no conocía ni la oración especial ni el lugar del bosque. Y entonces decía:

ORACION

«Señor, yo sé que no son las fórmulas lo que tú aprecias, sino el clamor del corazón angustiado. De modo que escucha mi oración y ven en nuestra ayuda». Y también entonces escuchaba Dios su oración, y el pueblo recibía la ayuda deseada.

Después de que este otro cura hubiera muerto, la gente seguía acudiendo a su sucesor cuando le acuciaba la necesidad. Pero este nuevo cura era más aficionado al dinero que a la oración. De manera que solía limitarse a decirle a Dios: «¿Qué clase de Dios eres tú, que, aun siendo perfectamente capaz de resolver los problemas que tú mismo has originado, todavía te niegas a mover un dedo mientras no nos veas amedrentados, mendigando tu ayuda y suplicándote? ¡Está bien: puedes hacer con la gente lo que quieras!» Y, una vez más, Dios escuchaba su oración, y el pueblo recibía la ayuda deseada.

ORACION

Una anciana mujer, verdadera entusiasta de la jardinería, afirmaba que no creía en absoluto en ciertas predicciones que auguraban que algún día lograrían los científicos controlar el tiempo atmosférico. Según ella, lo único que hacía falta para controlar el tiempo era la oración.

Pero un verano, mientras ella se encontraba de viaje por el extranjero, la sequía azotó al país y arruinó por completo su precioso jardín. Cuando regresó, se sintió tan trastornada que cambió de religión.

Debería haber cambiado sus estúpidas creencias.

ORACION

*No es bueno que nuestras oraciones sean escuchadas
si no lo son en su debido momento:*

En la antigua India se concedía mucha importancia a los
ritos védicos, de los que se decía que funcionaban tan
«científicamente» que, cuando los sabios pedían la lluvia,
jamás se producía una sequía. Así es que, conforme a
dichos ritos, un hombre se puso a rezarle a Lakshmi, la
diosa de la abundancia, para que le hiciera rico.

Estuvo orando sin éxito durante diez largos años, al cabo
de los cuales· comprendió de pronto la naturaleza ilusoria
de la riqueza y abrazó una vida de renuncia en el
Himalaya.

Un buen día, mientras se hallaba sentado y entregado a la
meditación, abrió sus ojos y vio ante sí a una mujer
extraordinariamente hermosa, tan radiante y
resplandeciente como si fuera de oro.

«¿Quién eres tú y qué haces aquí?», le preguntó.

«Soy la diosa Lakshmi, a la que has estado rezando
himnos durante doce años», le respondió la mujer, «y he
decidido aparecerme ante ti para concederte tu deseo».

ORACION

«¡Ah, mi querida diosa!», exclamó el hombre, «ahora ya he adquirido la dicha de la meditación y he perdido el deseo de las riquezas. Llegas demasiado tarde... Pero dime, ¿por qué has tardado tanto en venir?»

«Para serte sincera», respondió la diosa, «dada la fidelidad con que realizabas aquellos ritos, habrías acabado consiguiendo la riqueza, sin duda alguna. Pero, como te amaba y sólo deseaba tu bienestar, me resistí a concedértelo».

Si pudieras elegir, ¿qué elegirías:
que se te concediera lo que pides
o la gracia de vivir en paz,
aunque no la hubieras pedido?

18

ORACION

Un día, el mullah Nasrudin observó cómo el maestro del pueblo conducía a un grupo de niños hacia la mezquita.

«¿Para qué los llevas allí?», le preguntó.

«La sequía está azotando al país», le respondió el maestro, «y confiamos en que el clamor de los inocentes mueva el corazón del Todopoderoso».

«Lo importante no es el clamor, ya sea de inocentes o de criminales», dijo el mullah, «sino la sabiduría y el conocimiento».

«¿Cómo te atreves a blasfemar de ese modo delante de estos niños?», le recriminó el maestro. «¡Deberás probar lo que has dicho, o te acusaré de hereje!»

«Nada más fácil», replicó Nasrudin. «Si las oraciones de los niños sirvieran de algo, no habría un maestro de escuela en todo el país, porque no hay nada que detesten tanto los niños como ir a la escuela. Si tú has sobrevivido a tales oraciones, es porque nosotros, que sabemos más que los niños, te hemos mantenido en tu puesto».

ORACION

Un piadoso anciano rezaba cinco veces al día, mientras que su socio en los negocios jamás ponía los pies en la iglesia. Pues bien, el día que cumplió ochenta años, el anciano oró de la siguiente manera:

«¡Oh Dios, nuestro Señor! Desde que era joven, no he dejado un sólo día de acudir a la iglesia desde por la mañana y rezarte mis oraciones cinco veces diarias, como está mandado. No he hecho un solo movimiento ni he tomado una sola decisión, importante o intranscendente, sin haber primero invocado tu Nombre. Y ahora, en mi ancianidad, he redoblado mis ejercicios piadosos y te rezo sin cesar, día y noche. Sin embargo, aquí me tienes: tan pobre como un ratón de sacristía. En cambio, fíjate en mi socio: juega y bebe como un cosaco e incluso, a pesar de sus años, anda con mujeres de dudosa reputación... y a pesar de todo, nada en la abundancia. Y dudo que alguna vez haya salido de sus labios una sola oración. Pues bien, Señor: no te pido que le castigues, porque eso no sería cristiano; pero te ruego que respondas: ¿Por qué, por qué, por qué... le has permitido a él prosperar y me has tratado a mí de este modo?»

«¡Porque eres un verdadero pelmazo!», le respondió Dios.

Había un monasterio cuya Regla no era «No hables», sino «No hables si no es para decir algo que sea mejor que el silencio».

¿No podría decirse lo mismo de la oración?

20

ORACION

Sobre rezos y rezadores:

La abuela: «¿Ya rezas tus oraciones cada noche?»
El nieto: «¡Por supuesto!»
«¿Y por las mañanas?»
«No. Durante el día no tengo miedo».

* * * *

Una piadosa anciana, al acabar la guerra: «Dios ha sido muy bueno con nosotros: hemos rezado sin parar... ¡y todas las bombas han caído en la otra parte de la ciudad!»

* * * *

ORACION

La persecución de los judíos por parte de Hitler se había
hecho tan insoportable que dos de ellos decidieron
asesinarlo, para lo cual se apostaron armados en un lugar
por el que sabían que debía pasar el Führer. Pero éste se
retrasaba, y Samuel se temió lo peor: «Joshua», le dijo al
otro, «reza para que no le haya pasado nada...»

* * * *

Aquel matrimonio había tomado la costumbre de invitar
todos los años a su piadosa tía a hacer con ellos una
excursión. Pero aquel año se habían olvidado de invitarla.
Cuando lo hicieron, ya a última hora, ella les dijo: «Ya es
demasiado tarde. He estado rezando para que llueva».

ORACION

Un sacerdote estaba observando a una mujer que se encontraba sentada, con la cabeza hundida entre sus manos, en un banco de la iglesia vacía.

Pasó una hora... Pasaron dos horas.. y allí seguía.

Pensando que se trataría de un alma afligida y deseosa de que la ayudaran, el sacerdote se acercó a la mujer y le dijo: «¿Puedo ayudarla en algo?»

«No, Padre, muchas gracias», respondió ella. «He estado recibiendo toda la ayuda que necesitaba...»

«¡...hasta que usted me ha interrumpido!»

ORACION

Un anciano solía permanecer inmóvil durante horas en la iglesia. Un día, un sacerdote le preguntó de qué le hablaba Dios.

«Dios no habla. Sólo escucha», fue su respuesta.

«Bien... ¿y de qué le habla usted a Dios?»

«Yo tampoco hablo. Sólo escucho».

Las cuatro fases de la oración:
Yo hablo, tú escuchas.
Tú hablas, yo escucho.
Nadie habla. Los dos escuchamos.
Nadie habla y nadie escucha: Silencio.

* * * *

El sufi Bayazid Bistami describe del siguiente modo su progreso en el arte de orar: «La primera vez que visité la Kaaba en La Meca, vi la Kaaba. La segunda vez vi al Señor de la Kaaba. La tercera vez no vi ni la Kaaba ni al Señor de la Kaaba.

ORACION

El emperador mogol Akbar salió un día al bosque a cazar. Cuando llegó la hora de la oración de la tarde, desmontó de su caballo, tendió su estera en el suelo y se arrodilló para orar, tal como hacen en todas partes los devotos musulmanes.

Pero, en aquel preciso momento, una campesina, inquieta por la desaparición de su marido, que había salido de casa aquella mañana y no había regresado, pasó por allí como una exhalación, sin reparar en la presencia del arrodillado emperador, y tropezó con él, rodando por el suelo; pero se levantó y, sin pedir ningún tipo de disculpas, siguió corriendo hacia el interior del bosque.

Akbar se sintió irritado por aquella interrupción, pero, como era un buen musulmán, observó la regla de no hablar con nadie durante el «namaaz».

Más tarde, justamente cuando él acababa su oración, volvió a pasar por allí la mujer, esta vez alegre y acompañada de su marido, al que había conseguido encontrar. Al ver al emperador y a su séquito, ella se sorprendió y se llenó de miedo. Entonces Akbar dio rienda suelta a su enojo contra ella y le gritó:

ORACION

«¡Explícame ahora mismo tu irrespetuoso comportamiento si no quieres que te castigue!»

Entonces la mujer perdió de pronto el miedo, miró fijamente a los ojos al emperador y le dijo: «Majestad, iba tan absorta pensando en mi marido que no os vi, ni siquiera cuando, como decís, tropecé con vos. Ahora bien, dado que vos estabais en pleno "namaaz", habíais de estar absorto en Alguien infinitamente más valioso que mi marido. ¿Cómo es que reparasteis en mí?»

El emperador, avergonzado, no supo qué decir. Más tarde confiaría a sus amigos que una simple campesina, no un experto ni un «mullah», le había enseñado lo que significa la oración.

ORACION

Estando el Maestro haciendo oración, se acercaron a él los discípulos y le dijeron: «Señor, enséñanos a orar«. Y él les enseñó del siguiente modo:

«Iban dos hombres paseando por el campo cuando, de pronto, vieron ante ellos a un toro enfurecido. Al instante, se lanzaron hacia la valla más cercana, con el toro pisándoles los talones. Pero no tardaron en darse cuenta de que no iban a conseguir ponerse a salvo, de modo que uno de ellos le gritó al otro: "¡Estamos perdidos! ¡De ésta no salimos! ¡Rápido, di una oración!"

Y el otro le replicó: "¡No he rezado en mi vida y no sé ninguna oración apropiada!"

"¡No importa: el toro nos va a pillar! ¡Cualquier oración servirá!"

"¡Está bien, rezaré la única que recuerdo y que solía rezar mi padre antes de las comidas: Haz, Señor, que sepamos agradecerte lo que vamos a recibir!"»

Nada hay que supere la santidad de quienes
han aprendido la perfecta aceptación
de todo cuanto existe.

En el juego de naipes que llamamos «vida»
cada cual juega lo mejor que sabe
las cartas que le han tocado.

Quienes insisten en querer jugar
no las cartas que les han tocado,
sino las que creen que debería haberles tocado,
...son los que pierden el juego.

No se nos pregunta si queremos jugar.
No es ésa la opción. Tenemos que jugar.
La opción es: cómo.

ORACION

Una vez, le preguntó un rabino a un discípulo qué era lo que le molestaba.

«Mi pobreza», le respondió. «Vivo tan miserablemente que apenas puedo estudiar ni rezar».

«En los tiempos que corren», le dijo el rabino, «la mejor oración y el mejor estudio consisten en aceptar la vida tal como viene».

* * * *

Hacía un frío que cortaba, y el rabino y sus discípulos se hallaban acurrucados junto al fuego.

Uno de los discípulos, haciéndose eco de las enseñanzas de su maestro, dijo: «En un día tan gélido como éste, yo sé exactamente lo que hay que hacer».

«¿Qué hay que hacer?», le preguntaron los demás.

«Conservar el calor. Y si eso no es posible, también sé lo que hay que hacer».

«¿Qué hay que hacer?»

«Congelarse».

*La realidad existente no puede realmente
ser rechazada ni aceptada.
Huir de ella es como
tratar de huir de tus propios pies.
Aceptarla es como
tratar de besar tus propios labios.
Todo lo que hay que hacer es mirar,
comprender y estar en paz.*

ORACION

Un hombre acudió a un psiquiatra y le dijo que todas las noches se le aparecía un dragón con doce patas y tres cabezas, que vivía en una tremenda tensión nerviosa, que no podía conciliar el sueño y que se encontraba al borde del colapso. Que incluso había pensado en suicidarse.

«Creo que puedo ayudarle», le dijo el psiquiatra, «pero debo advertirle que nos va a llevar un año o dos y que le va a costar a usted tres mil dólares».

«¿Tres mil dólares?», exclamó el otro. «¡Olvídelo! Me iré a mi casa y me haré amigo del dragón».

* * * *

Los vecinos del místico musulmán Farid lograron persuadir a éste de que acudiera a la Corte de Delhi y obtuviera de Akbar un favor para la aldea. Farid se fue a la Corte y, cuando llegó, Akbar se encontraba haciendo sus oraciones.

Cuando, al fin, el emperador se dejó ver, Farid le preguntó: «¿Qué estabas pidiendo en tu oración?»

«Le suplicaba al Todopoderoso que me concediera éxito, riquezas y una larga vida», le respondió Akbar.

Farid se volvió, dando la espalda al emperador, y salió de allí mascullando: «Vengo a ver a un emperador... ¡y me encuentro con un mendigo que es igual que todos los demás!»

29

ORACION

Erase una vez una mujer muy devota y llena de amor de Dios. Solía ir a la iglesia todas las mañanas, y por el camino solían acosarla los niños y los mendigos, pero ella iba tan absorta en sus devociones que ni siquiera los veía.

Un buen día, tras haber recorrido el camino acostumbrado, llegó a la iglesia en el preciso momento en que iba a empezar el culto. Empujó la puerta, pero ésta no se abrió. Volvió a empujar, esta vez con más fuerza, y comprobó que la puerta estaba cerrada con llave.

Afligida por no haber podido asistir al culto por primera vez en muchos años, y no sabiendo qué hacer, miró hacia arriba... y justamente allí, frente a sus ojos, vio una nota clavada en la puerta con una chincheta.

La nota decía: «Estoy ahí fuera».

* * * *

Se decía de un santo que, cada vez que salía de su casa para ir a cumplir sus deberes religiosos, solía decir: «...Y ahora te dejo, Señor. Me voy a la iglesia».

ORACION

Paseaba un monje por los jardines del monasterio cuando, de pronto, oyó cantar a un pájaro.

Embelesado, se detuvo a escuchar. Le pareció que nunca hasta entonces había escuchado, lo que se dice «escuchar», el canto de un pájaro.

Cuando el pájaro dejó de cantar, el monje regresó al monasterio y, para su consternación, descubrió que era un extraño para los demás monjes, y viceversa.

Pasó algún tiempo hasta que tanto ellos como él descubrieron que había tardado siglos en regresar. Como su escucha había sido total, el tiempo se había detenido, y él se había introducido en la eternidad.

La oración resulta perfecta
cuando se descubre la intemporalidad.
La intemporalidad se descubre
a través de la claridad de percepción.
La percepción se hace clara
cuando se libera de los prejuicios
y de toda consideración
de pérdida o provecho personal.
Entonces se ve lo milagroso,
y el corazón se llena de asombro.

31

ORACION

Cuando el Maestro invitó al Gobernador a practicar la meditación, y éste le dijo que estaba muy ocupado, la respuesta del Maestro fue:

«Me recuerdas a un hombre que caminaba por la jungla con los ojos vendados... y que estaba demasiado ocupado para quitarse la venda».

Cuando el Gobernador alegó su falta de tiempo, el Maestro le dijo: «Es un error creer que la meditación no puede practicarse por falta de tiempo. El verdadero motivo es la agitación de la mente».

* * * *

Un experto en rendimiento laboral le presentaba su informe a Henry Ford: «Como puede usted ver, señor, el informe es altamente favorable, excepto en lo referente a ese individuo que está en el vestíbulo. Siempre que paso por allí, él está sentado y con los pies encima de la mesa. Está malgastando su dinero, señor».

«Ese hombre», replicó Ford, «tuvo una vez una idea que nos hizo ganar una fortuna, y creo recordar que sus pies se encontraban entonces en el mismísimo lugar en que se encuentran ahora».

Había un leñador que se agotaba malgastando su tiempo y sus energías en cortar madera con un hacha embotada, porque no tenía tiempo, según él, para detenerse a afilar la hoja.

ORACION

Erase una vez un bosque en el que los pájaros cantaban de día, y los insectos de noche. Los árboles crecían, las flores prosperaban, y toda clase de criaturas pululaban libremente.

Todo el que entraba allí se veía llevado a la Soledad, que es el hogar de Dios, que habita en el silencio y en la belleza de la Naturaleza.

Pero llegó la Edad de la Inconsciencia, justamente cuando los hombres vieron la posibilidad de construir rascacielos y destruir en un mes ríos, bosques y montañas. Se levantaron edificios para el culto con la madera del bosque y con las piedras del subsuelo forestal. Pináculos, agujas y minaretes apuntaban hacia el cielo, y el aire se llenó del sonido de las campanas, de oraciones, cánticos y exhortaciones...

Y Dios se encontró de pronto sin hogar.

¡Dios oculta las cosas poniéndolas ante nuestros ojos!

33

ORACION

¡Escucha! Oye el canto del pájaro,
el viento entre los árboles,
el estruendo del océano...;
mira un árbol, una hoja que cae o una flor,
como si fuera la primera vez.

Puede que, de pronto,
entres en contacto con la Realidad,
con ese Paraíso del que
nos ha arrojado nuestro saber
por haber caído desde la infancia.

Dice el místico indio Saraha:
«Trata de probar a qué sabe
la ausencia de saber».

SENSIBILIDAD

SENSIBILIDAD

Una encarnizada persecución religiosa estalló en el país, y los tres pilares de la religión –la Escritura, el Culto y la Caridad– comparecieron ante Dios para expresarle su temor de que, si desaparecía la religión, dejaran también ellos de existir.

«No os preocupéis», dijo el Señor. «Tengo el propósito de enviar a la Tierra a Alguien más grande que todos vosotros».

«¿Y cómo se llama ese Alguien?»

«Conocimiento-de-sí», respondió Dios. «El hará cosas más grandes que las que haya podido hacer cualquiera de vosotros».

SENSIBILIDAD

Tres sabios decidieron emprender un viaje, porque, a pesar de ser tenidos por sabios en su país, eran lo bastante humildes para pensar que un viaje les serviría para ensanchar sus mentes.

Apenas habían pasado al país vecino cuando divisaron un rascacielos a cierta distancia. «¿Qué podrá ser ese enorme objeto?», se preguntaron. La respuesta más obvia habría sido: «Id allá y averiguadlo». Pero no: eso podía ser demasiado peligroso, porque ¿y si aquella cosa explotaba cuando uno se acercaba a ella? Era muchísimo más prudente decidir lo que era, antes de averiguarlo. Se expusieron y se examinaron diversas teorías; pero, basándose en sus respectivas experiencias pasadas, las rechazaron todas. Por fin, y basándose en las mismas experiencias —que eran muy abundantes, por cierto—, decidieron que el objeto en cuestión, fuera lo que fuera, sólo podía haber sido puesto allí por gigantes.

Aquello les llevó a la conclusión de que sería más seguro evitar absolutamente aquel país. De manera que regresaron a su casa, tras haber añadido una más a su cúmulo de experiencias.

Las Suposiciones afectan a la Observación.
La Observación engendra Convencimiento.
El Convencimiento produce Experiencia.
La Experiencia crea Comportamiento,
el cual, a su vez, confirma las Suposiciones.

SENSIBILIDAD

Suposiciones:

Dos cazadores alquilaron un avión para ir a la región de los bosques. Dos semanas más tarde, el piloto regresó para recogerlos y llevarlos de vuelta. Pero, al ver los animales que habían cazado, dijo: «Este avión no puede cargar más que con uno de los dos búfalos. Tendrán que dejar aquí el otro».

«¡Pero si el año pasado el piloto nos permitió llevar dos búfalos en un avión exactamente igual que éste...!», protestaron los cazadores.

El piloto no sabía qué hacer, pero acabó cediendo: «Está bien; si lo hicieron el año pasado, supongo que también podremos hacerlo ahora...»

De modo que el avión inició el despegue, cargado con los tres hombres y los dos búfalos; pero no pudo ganar altura y se estrelló contra una colina cercana. Los hombres salieron a rastras del avión y miraron en torno suyo. Uno de los cazadores le preguntó al otro: «¿Dónde crees que estamos?» El otro inspeccionó los alrededores y dijo: «Me parece que unas dos millas a la izquierda de donde nos estrellamos el año pasado».

39

SENSIBILIDAD

Y más suposiciones:

Un matrimonio regresaba del funeral por el tío Jorge, que había vivido con ellos durante veinte años, creando una situación tan incómoda que a punto estuvo de irse a pique el matrimonio.

«Tengo algo que decirte, querida», dijo el marido. «Si no hubiera sido por lo que te quiero, no habría aguantado a tu tío Jorge ni un solo día...»

«¿*Mi* tío Jorge?», exclamó ella horrorizada. «¡Yo creía que era *tu* tío Jorge!»

* * * *

En el verano de 1946 corrió el rumor de que el espectro del hambre amenazaba a una determinada provincia de un país sudamericano. En realidad, los campos ofrecían un aspecto inmejorable, y el tiempo era ideal y auguraba una espléndida cosecha. Pero el rumor adquirió tal intensidad que 20.000 pequeños agricultores abandonaron sus tierras y se fueron a las ciudades. Con lo cual la cosecha fue un verdadero desastre, murieron de hambre miles de personas y el rumor resultó ser verdadero.

SENSIBILIDAD

Hace muchos años, allá por la Edad Media, los consejeros del Papa recomendaron a éste que desterrara a los judíos de Roma. Según ellos, resultaba indecoroso que aquellas personas vivieran tan ricamente en el corazón mismo del mundo católico. Así pues, se redactó y fue promulgado un edicto de expulsión, para general consternación de los judíos, que sabían que, dondequiera que fuesen, no podían esperar un trato mejor que el que les obligaba a salir de Roma. De manera que suplicaron al Papa que reconsiderara su decisión. El Papa, que era un hombre ecuánime, les hizo una propuesta un tanto arriesgada: debían elegir a alguien para que discutiera el asunto con él mismo en público y, si salía victorioso del debate, los judíos podrían quedarse.

Los judíos se reunieron a considerar la propuesta. Rechazarla significaba la expulsión. Aceptarla significaba exponerse a una derrota segura, porque ¿quién iba a vencer en un debate en el que el Papa era juez y parte a la vez? Sin embargo, no había más remedio que aceptar. Ahora bien, resultaba imposible encontrar a un voluntario dispuesto a debatir con el Papa: la responsabilidad de cargar sobre sus hombros con el destino de los judíos era más de lo que cualquier hombre podía soportar.

Pero, cuando el portero de la sinagoga se dio cuenta de lo que ocurría, se presentó ante el Gran Rabino y se ofreció como voluntario para representar a su pueblo en el debate. «¿El portero?», exclamaron los demás rabinos cuando lo supieron. «¡Imposible!»

«Está bien», dijo el Gran Rabino, «ninguno de nosotros está dispuesto a hacerlo; de manera que, o lo hace el portero o no hay debate». Y así, a falta de otra persona, se designó al portero para que celebrara el debate con el Papa.

SENSIBILIDAD

Llegado el gran día, el Papa se sentó en un trono en la plaza de San Pedro, rodeado de sus cardenales y en presencia de una multitud de obispos, sacerdotes y fieles. Al poco tiempo llegó la pequeña comitiva de delegados judíos, con sus negros ropajes y sus largas barbas, rodeando al portero de la sinagoga.

Quedaron el uno frente al otro, y el debate comenzó. El Papa alzó solemnemente un dedo hacia el cielo y trazó un amplio arco en el aire. Inmediatamente, el portero señaló con énfasis hacia el suelo. El Papa pareció quedar desconcertado. Entonces volvió a alzar su dedo con mayor solemnidad aún y lo mantuvo firmemente ante el rostro del portero. Este, a su vez, alzó inmediatamente tres dedos y los mantuvo con la misma firmeza frente al Papa, el cual pareció asombrarse de aquel gesto. Entonces el Papa deslizó una de sus manos entre sus ropajes y extrajo una manzana. El portero, por su parte, sin pensarlo dos veces, introdujo su mano en una bolsa de papel que llevaba consigo y sacó de ella una delgada torta de pan. Entonces el Papa exclamó con voz potente: «¡El representante judío ha ganado el debate! Queda revocado, pues, el edicto».

Los dirigentes judíos rodearon inmediatamente al portero y se lo llevaron, mientras los cardenales se apiñaban atónitos en torno al Papa. «¿Qué ha sucedido, Santidad?», le preguntaron. «Nos ha sido imposible seguir el rapidísimo toma y daca del debate...» El Papa se enjugó el sudor de su frente y dijo: «Ese hombre es un brillante teólogo y un maestro del debate.

SENSIBILIDAD

Yo comencé señalando con un gesto de mi mano la bóveda celeste, como dando a entender que el universo entero pertenece a Dios; y él señaló hacia abajo con su dedo, recordándome que hay un lugar llamado "infierno" donde el demonio es el único soberano. Entonces alcé yo un dedo para indicar que Dios es uno, ¡Imagínense mi sorpresa cuando le vi alzar a él tres dedos indicando que ese Dios uno se manifiesta por igual en tres personas, suscribiendo con ello nuestra propia doctrina sobre la Trinidad! Sabiendo que no podría vencer a ese genio de la teología, intenté, por último, desviar el debate hacia otro terreno, y para ello saqué una manzana, dando a entender que, según los más modernos descubrimientos, la tierra es redonda. Pero, al instante, él sacó una torta de pan ázimo para recordarme que, de acuerdo con la Biblia, la tierra es plana. De manera que no he tenido más remedio que reconocer su victoria...»

Para entonces, los judíos habían llegado ya a su sinagoga. «¿Qué es lo que ha ocurrido?», le preguntaron perplejos al portero, el cual daba muestras de estar indignado. «¡Todo ha sido un montón de tonterías!», respondió. «Veréis: primero, el Papa hizo un gesto con su mano como para indicar que todos los judíos teníamos que salir de Roma. De modo que yo señalé con el dedo hacia abajo para darle a entender con toda claridad que no pensábamos movernos. Entonces él me apunta amenazadoramente con un dedo como diciéndome: "¡No te me pongas chulo!" Y yo le señalo a él con tres dedos para decirle que él era tres veces mas chulo que nosotros, por haber ordenado arbitrariamente que saliéramos de Roma. Entonces veo que él saca su almuerzo, y yo saco el mío».

43

SENSIBILIDAD

Por lo general, la realidad no es lo que es,
sino lo que nosotros hemos decidido que sea:

Una viejecita judía ocupa su asiento en un avión, junto a
un enorme sueco al que se queda mirando fijamente.
Luego, dirigiéndose a él, le dice: «Usted perdone... ¿es
usted judío?»

«No», le responde el sueco.

Pocos minutos más tarde, ella vuelve a insistir: «¿Podría
usted decirme, y perdone la molestia, si es usted judío?»

«¡Le aseguro a usted que no!», responde él.

Ella se queda escudriñándole durante unos minutos y
vuelve a la carga: «Habría jurado que era usted judío...»

Para acabar con tan enojosa situación, el hombre le dice
a la anciana: «¡Está bien; sí, soy judío!»

Ella vuelve a mirarle, sacude su cabeza y dice: «Pues la
verdad es que no lo parece».

Primero sacamos nuestras conclusiones...
y luego hallamos la forma de llegar a ellas.

*　*　*　*

44

SENSIBILIDAD

En la sección de alimentación de un supermercado se encontraba una mujer inclinada, mientras escogía unos tomates. En aquel momento sintió un agudo dolor en la espalda, se quedó inmóvil y lanzó un chillido.

Otra clienta, que se encontraba muy cerca, se inclinó sobre ella con gesto de complicidad y le dijo: «Si cree usted que los tomates están caros, aguarde a ver el precio del pescado...»

¿Qué es lo que te hace reaccionar:
la Realidad o lo que tú supones sobre ella?

SENSIBILIDAD

Subió un hombre a un autobús y tomó asiento junto a un joven que tenía todo el aspecto de ser un «hippy». El joven llevaba un solo zapato.

«Ya veo, joven, que ha perdido usted un zapato...»

«No, señor», respondió el aludido. «He encontrado uno».

Es evidente para mí;
lo cual no significa que sea cierto.

* * * *

Un vaquero iba cabalgando por el desierto. De pronto se encontró con un indio tendido sobre la carretera, con la oreja pegada al suelo.

«¿Qué pasa, jefe?», dijo el vaquero.

«Gran rostro pálido con cabellera roja conducir Mercedes-Benz verde oscuro con pastor alemán dentro y matrícula SDT965 rumbo oeste».

«¡Caramba, jefe! ¿Quieres decir que puedes oír todo eso con sólo escuchar el suelo?»

«Yo no escuchar suelo. Hijo de puta atropellarme».

SENSIBILIDAD

Una ostra divisó una perla suelta que había caído en una grieta de una roca en el fondo del océano. Tras grandes esfuerzos, consiguió recobrar la perla y depositarla sobre una hoja que estaba justamente a su lado.

Sabía que los humanos buscaban perlas, y pensó: «Esta perla les tentará, la tomarán y me dejarán a mí en paz».

Sin embargo, llegó por allí un pescador de perlas cuyos ojos estaban ascostumbrados a buscar ostras, no perlas cuidadosamente depositadas sobre una hoja.

De modo que se apoderó de la ostra –la cual no contenía perla, por cierto– y dejó que la perla rodara hacia abajo y cayera de nuevo en la grieta de la roca.

Sabes exactamente dónde mirar.
Por eso no consigues encontrar a Dios.

SENSIBILIDAD

Una mujer acudió al cajero de un banco y le pidió que le hiciera efectivo un cheque.

El cajero, después de llamar a un empleado de seguridad, pidió a la mujer que se identificara.

La mujer no salía de su asombro, pero al fin consiguió articular: «Pero, Ernesto... ¡si soy tu madre...!»

Si crees que tiene gracia,
¿cómo es que tú mismo
no logras reconocer al Mesías?

SENSIBILIDAD

Un hombre tomó consigo a su nuevo perro de caza y salió de cacería. Al cabo de un rato, disparó sobre un pato, el cual cayó en el lago. El perro fue andando sobre el agua, recogió el pato y se lo llevó a su amo.

El hombre quedó estupefacto. Disparó luego a otro pato, y otra vez, mientras el cazador se restregaba incrédulo los ojos, el perro fue andando sobre el agua y cobró la pieza.

Sin poder dar crédito a sus ojos, al día siguiente invitó a su vecino a que le acompañara. Y de nuevo, cada vez que uno de los dos acertaba a dar a un pato, el perro caminaba sobre el agua y cobraba la pieza. Ninguno de los dos decía una palabra. Pero, al fin, no pudiendo contenerse más, el hombre le espetó a su vecino: «¿No observas nada raro en este perro?»

El vecino se rascó pensativamente la barbilla y, finalmente, dijo: «La verdad es que sí. Andaba yo dándole vueltas, y ya lo tengo: ¡La cría de una escopeta no puede nadar!»

No es como si la vida estuviera llena de milagros;
es más que eso: la vida es milagrosa.
Y quien deje de darla por supuesto
no tardará en comprobarlo.

* * * *

SENSIBILIDAD

«¿Sabes que tienes un perro muy inteligente?», le dijo un hombre a su amigo cuando vio a éste jugar a las cartas con su perro.

«No lo creas. No es tan inteligente como parece», le replicó el otro. «Cada vez que coge buenas cartas menea el rabo».

SENSIBILIDAD

El abuelo y la abuela se habían peleado, y la abuela estaba tan enojada que no le dirigía la palabra a su marido.

Al día siguiente, el abuelo había olvidado por completo la pelea, pero la abuela seguía ignorándole y sin dirigirle la palabra. Y, por más esfuerzos que hacía, el abuelo no conseguía sacar a la abuela de su mutismo.

Al fin, el abuelo se puso a revolver armarios y cajones. Y cuando llevaba así unos minutos, la abuela no pudo contenerse y le gritó airada: «¿Se puede saber qué demonios estás buscando?»

«¡Gracias a Dios, ya lo he encontrado!», le respondió el abuelo con una maliciosa sonrisa. «¡Tu voz!»

Si es a Dios a quien buscas, mira en otra parte.

SENSIBILIDAD

Cuando el demonio vio a un «buscador» entrar en la casa de un Maestro, decidió hacer lo posible por hacerle desistir de su búsqueda de la Verdad.

Para ello sometió al pobre hombre a todo tipo de tentaciones: riqueza, lujuria, fama, poder, prestigio... Pero el buscador era sumamente experimentado en las cosas del espíritu y, dada su enorme ansia de espiritualidad, podía rechazar las tentaciones con una facilidad asombrosa.

Cuando estuvo en presencia del Maestro, le desconcertó ver a éste sentado en un sillón tapizado y con los discípulos a sus pies. «Indudablemente», pensó para sus adentros, «este hombre carece de la principal virtud de los santos: la humildad».

Luego observó otras cosas del Maestro que tampoco le gustaron; pero lo que menos le gustó fue que el Maestro apenas le prestara atención. («Supongo que es porque yo no le adulo como los demás», pensó para sí). Tampoco le gustó la clase de ropa que llevaba el Maestro y su manera un tanto engreída de hablar. Todo ello le llevó a la conclusión de que se había equivocado de lugar y de que tendría que seguir buscando en otra parte.

SENSIBILIDAD

Cuando el buscador salió de allí, el Maestro, que había visto al demonio sentado en un rincón de la estancia, le dijo a éste: «No necesitabas molestarte, Tentador. Lo tenías en el bote desde el principio, para que lo sepas».

Tal es la suerte de quienes,
en su búsqueda de Dios,
están dispuestos a despojarse de todo,
menos de sus ideas
acerca de cómo es realmente Dios.

SENSIBILIDAD

Las personas jamás pecarían
si fueran conscientes
de que cada vez que pecan
se hacen daño a sí mismas.
Por desgracia, la mayoría de ellas
están demasiado aletargadas
para caer en la cuenta
de lo que están haciéndose a sí mismas.

Bajaba por la calle un borracho con las orejas en carne viva. Se encontró con un amigo, y éste le preguntó qué le había pasado.

«A mi mujer se le ocurrió dejar la plancha encendida y, cuando sonó el teléfono, tomé la plancha por equivocación».

«Ya veo... Pero ¿y la otra oreja?»

«¡El maldito imbécil volvió a llamar!»

SENSIBILIDAD

Un célebre cirujano vienés decía a sus alumnos que, para ser cirujano, se requerían dos cualidades: no sentir náuseas y tener capacidad de observación.

Para hacer una demostración, introdujo uno de sus dedos en un líquido nauseabundo, se lo llevó a la boca y lo chupó. Luego pidió a sus alumnos que hicieran lo mismo. Y ellos, armándose de valor, le obedecieron sin vacilar.

Entonces, sonriendo astutamente, dijo el cirujano: «Caballeros, no tengo más remedio que felicitarles a ustedes por haber superado la primera prueba. Pero, desgraciadamente, no han superado la segunda, porque ninguno de ustedes se ha dado cuenta de que el dedo que yo he chupado no era el mismo que había introducido en ese líquido».

SENSIBILIDAD

El pastor de una elegante feligresía había delegado en sus subalternos la tarea de saludar a la gente tras el servicio dominical. Pero su mujer le persuadió de que se encargara él mismo de hacerlo. «¿No sería espantoso», le dijo, «que al cabo de los años no conocieras a tus propios feligreses?»

De modo que, al domingo siguiente, concluido el servicio, el pastor ocupó su puesto a la puerta de la iglesia. La primera en salir fue una mujer perfectamente «endomingada». El pastor pensó que debía de tratarse de una nueva feligresa.

«¿Cómo está usted? Me siento feliz de tenerla con nosotros», le dijo el pastor mientras le tendía la mano.

«Muchas gracias», replicó la mujer, un tanto desconcertada.

«Espero verla a menudo por aquí. Nos encanta ver caras nuevas...»

«Sí, señor...»

«¿Vive usted en esta parroquia?»

La mujer no sabía qué decir.

«Si me da usted su dirección, una tarde de éstas iremos a visitarla mi mujer y yo».

«No tendrá usted que ir muy lejos, señor. Soy su cocinera».

SENSIBILIDAD

Un vagabundo se presentó en el despacho de un acaudalado hombre de negocios a pedir una limosna.

El hombre llamó a su secretaria y le dijo: «¿Ve usted a este pobre desgraciado? Fíjese cómo le asoman los dedos a través de sus horribles zapatos; observe sus raídos pantalones y su andrajosa chaqueta. Estoy seguro de que no se ha afeitado ni se ha duchado ni ha comido caliente en muchos días. Me parte el corazón ver a una persona en estas condiciones, de manera que... ¡HAGA QUE DESAPAREZCA INMEDIATAMENTE DE MI VISTA!»

Había un hombre sin brazos y sin piernas
mendigando en la acera.
La primera vez que lo vi me conmovió de tal modo
que le di una limosna.
La segunda vez le di algo menos.
La tercera vez no tuve contemplaciones
y lo denuncié a la policía
por mendigar en la vía pública
y dar la lata.

SENSIBILIDAD

El guru, que se hallaba meditando en su cueva del Himalaya, abrió los ojos y descubrió, sentado frente a él, a un inesperado visitante: el abad de un célebre monasterio.

«¿Qué deseas?», le preguntó el guru.

El abad le contó una triste historia. En otro tiempo, su monasterio había sido famoso en todo el mundo occidental, sus celdas estaban llenas de jóvenes novicios, y en su iglesia resonaba el armonioso canto de sus monjes. Pero habían llegado malos tiempos: la gente ya no acudía al monasterio a alimentar su espíritu, la avalancha de jóvenes candidatos había cesado y la iglesia se hallaba silenciosa. Sólo quedaban unos pocos monjes que cumplían triste y rutinariamente sus obligaciones. Lo que el abad quería saber era lo siguiente: «¿Hemos cometido algún pecado para que el monasterio se vea en esta situación?»

«Sí», respondió el guru, «un pecado de ignorancia».

«¿Y qué pecado puede ser ése?»

«Uno de vosotros es el Mesías disfrazado, y vosotros no lo sabéis». Y, dicho esto, el guru cerró sus ojos y volvió a su meditación.

Durante el penoso viaje de regreso a su monasterio, el abad sentía cómo su corazón se desbocaba al pensar que el Mesías, ¡el mismísimo Mesías!, había vuelto a la tierra y había ido a parar justamente a su monasterio. ¿Cómo no había sido él capaz de reconocerle? ¿Y quién podría ser? ¿Acaso el hermano cocinero? ¿El hermano sacristán? ¿El hermano administrador? ¿O sería él, el hermano prior? ¡No, él no! Por desgracia, él tenía demasiados defectos...

SENSIBILIDAD

Pero resulta que el guru había hablado de un Mesías «disfrazado»... ¿No serían aquellos defectos parte de su disfraz? Bien mirado, todos en el monasterio tenían defectos... ¡y uno de ellos tenía que ser el Mesías!

Cuando llegó al monasterio, reunió a los monjes y les contó lo que había averiguado. Los monjes se miraban incrédulos unos a otros: ¿el Mesías... aquí? ¡Increíble! Claro que, si estaba disfrazado... entonces, tal vez... ¿Podría ser Fulano...? ¿O Mengano, o...?

Una cosa era cierta: si el Mesías estaba allí disfrazado, no era probable que pudieran reconocerlo. De modo que empezaron todos a tratarse con respeto y consideración. «Nunca se sabe», pensaba cada cual para sí cuando trataba con otro monje, «tal vez sea éste...»

El resultado fue que el monasterio recobró su antiguo ambiente de gozo desbordante. Pronto volvieron a acudir docenas de candidatos pidiendo ser admitidos en la Orden, y en la iglesia volvió a escucharse el jubiloso canto de los monjes, radiantes del espíritu de Amor.

¿De qué sirve tener ojos
si el corazón está ciego?

SENSIBILIDAD

Un preso llevaba años viviendo absolutamente solo en su celda. No podía ver ni hablar con nadie, y le servían la comida a través de un ventanuco que había en la pared.

Un día entró una hormiga en su celda. El hombre contemplaba fascinado cómo el insecto se arrastraba por el suelo, lo tomaba en la palma de su mano para observarlo mejor, le daba un par de migas de pan y lo guardaba por la noche bajo su taza de hojalata.

Y un día, de pronto, descubrió que había tardado diez largos años de reclusión solitaria en comprender el encanto de una hormiga.

Cuando, una hermosa tarde de primavera, fue un amigo del pintor español El Greco a visitar a éste en su casa, lo encontró sentado en su habitación con las cortinas echadas.

«¿Por qué no sales a tomar el sol?», le preguntó.

«Ahora no», respondió El Greco. «No quiero perturbar la luz que brilla en mi interior».

SENSIBILIDAD

El anciano rabino se había quedado ciego y no podía leer ni ver los rostros de quienes acudían a visitarlo.

Un día le dijo un taumaturgo: «Confíate a mí, y yo te curaré de tu ceguera».

«No me hace ninguna falta», le respondió el rabino. «Puedo ver todo lo que necesito».

No todos los que tienen los ojos cerrados están dormidos. Ni todos los que tienen los ojos abiertos pueden ver.

RELIGION

RELIGION

El viajero, totalmente harto: «¿Por qué demonios tuvieron que poner la estación a tres kilómetros del pueblo?»

El solícito funcionario: «Seguramente pensaron que sería una buena idea ponerla cerca de los trenes, señor».

Una estación ultramoderna
a tres kilómetros de las vías
sería tan absurdo
como un templo muy frecuentado
a tres centímetros de la vida.

* * * *

El Buda Kamakura estuvo alojado en un templo hasta que, un día, una gran tormenta echó abajo dicho templo. Desde entonces, la enorme estatua estuvo durante años expuesta al sol, a la lluvia, a los vientos y a las inclemencias del tiempo.

Cuando un sacerdote comenzó a recaudar fondos para reconstruir el templo, la estatua se le apareció en sueños y le dijo: «Aquel templo era una cárcel, no un hogar. Déjame seguir expuesto a las inclemencias de la vida, que ése es mi lugar».

Dov Ber era un hombre poco común, en cuya presencia la gente temblaba. Era un célebre experto en el Talmud, inflexible e intransigente en su doctrina. Jamás reía, creía firmemente en la ascesis y eran famosos sus prolongados ayunos. Pero su austeridad acabó minando su salud. Cayó gravemente enfermo, y los médicos no eran capaces de dar con el remedio. Como último recurso, alguien sugirió: «¿Por qué no pedimos ayuda a Baal Sem Tob?»

Dov Ber acabó cediendo, aunque al principio se resistió, porque estaba en profundo desacuerdo con Baal Sem, a quien consideraba poco menos que un hereje. Además, mientras Dov Ber creía que sólo el sufrimiento y la tribulación daban sentido a la vida, Baal Sem trataba de aliviar el dolor y predicaba que lo que daba sentido a la vida era la capacidad de gozo.

Era más de medianoche cuando Baal Sem, respondiendo a la llamada, acudió en coche, vestido con un abrigo de lana y un gorro de piel. Entró en la habitación del enfermo y le ofreció el Libro del Esplendor, que Dov Ber abrió y comenzó a leer en voz alta.

Y cuenta la historia que apenas llevaba un minuto leyendo cuando Baal Sem le interrumpió: «Algo anda mal... Algo le falta a tu fe».

«¿El qué?», preguntó el enfermo

«Alma», respondió Baal Sem Tob.

RELIGION

Una fría noche de invierno, un asceta errante pidió asilo en un templo. El pobre hombre estaba tiritando bajo la nieve, y el sacerdote del templo, aunque era reacio a dejarle entrar, acabó accediendo: «Está bien, puedes quedarte, pero sólo por esta noche. Esto es un templo, no un asilo. Por la mañana tendrás que marcharte».

A altas horas de la noche, el sacerdote oyó un extraño crepitar. Acudió raudo al templo y vio una escena increíble: el forastero había encendido un fuego y estaba calentándose. Observó que faltaba un Buda de madera, y preguntó: «¿Dónde está la estatua?»

El otro señaló al fuego con un gesto y dijo: «Pensé que iba a morirme de frío...»

El sacerdote gritó: «¿Estás loco? ¿Sabes lo que has hecho? Era una estatua de Buda. ¡Has quemado al Buda!»

El fuego iba extinguiéndose poco a poco. El asceta lo contempló fijamente y comenzó a removerlo con su bastón.

«¿Qué estás haciendo ahora?», vociferó el sacerdote.

«Estoy buscando los huesos del Buda que, según tú, he quemado».

Más tarde, el sacerdote le refirió el hecho a un maestro Zen, el cual le dijo: «Seguramente eres un mal sacerdote, porque has dado más valor a un Buda muerto que a un hombre vivo».

Tetsugen, un alumno de Zen, asumió un tremendo compromiso: imprimir siete mil ejemplares de los sutras, que hasta entonces sólo podían conseguirse en chino.

Viajó a lo largo y ancho del Japón recaudando fondos para su proyecto. Algunas personas adineradas le dieron hasta cien monedas de oro, pero el grueso de la recaudación lo constituían las pequeñas aportaciones de los campesinos. Y Tetsugen expresaba a todos el mismo agradecimiento, prescindiendo de la suma que le dieran.

Al cabo de diez largos años viajando de aquí para allá, consiguió recaudar lo necesario para su proyecto. Justamente entonces se desbordó el río Uji, dejando en la miseria a miles de personas. Entonces Tetsugen empleó todo el dinero que había recaudado en ayudar a aquellas pobres gentes.

Luego comenzó de nuevo a recolectar fondos. Y otra vez pasaron varios años hasta que consiguió la suma necesaria. Entonces se desató una epidemia en el país, y Tetsugen volvió a gastar todo el dinero en ayudar a los damnificados.

Una vez más, volvió a empezar de cero y, por fin, al cabo de veinte años, su sueño se vio hecho realidad.

Las planchas con que se imprimió aquella primera edición de los sutras se exhiben actualmente en el monasterio Obaku, de Kyoto. Los japoneses cuentan a sus hijos que Tetsugen sacó, en total, tres ediciones de los sutras, pero que las dos primeras son invisibles y muy superiores a la tercera.

RELIGION

Dos hermanos, el uno soltero y el otro casado, poseían una granja cuyo fértil suelo producía abundante grano, que los dos hermanos se repartían a partes iguales.

Al principio todo iba perfectamente. Pero llegó un momento en que el hermano casado empezó a despertarse sobresaltado todas las noches, pensando: «No es justo. Mi hermano no está casado y se lleva la mitad de la cosecha; pero yo tengo mujer y cinco hijos, de modo que en mi ancianidad tendré todo cuanto necesite. ¿Quién cuidará de mi pobre hermano cuando sea viejo? Necesita ahorrar para el futuro mucho más de lo que actualmente ahorra, porque su necesidad es, evidentemente, mayor que la mía».

Entonces se levantaba de la cama, acudía sigilosamente adonde su hermano y vertía en el granero de éste un saco de grano.

También el hermano soltero comenzó a despertarse por las noches y a decirse a sí mismo: «Esto es una injusticia. Mi hermano tiene mujer y cinco hijos y se lleva la mitad de la cosecha. Pero yo no tengo que mantener a nadie más que a mí mismo. ¿Es justo, acaso, que mi pobre hermano, cuya necesidad es mayor que la mía, reciba lo mismo que yo?»

RELIGION

Entonces se levantaba de la cama y llevaba un saco de grano al granero de su hermano.

Un día, se levantaron de la cama al mismo tiempo y tropezaron uno con otro, cada cual con un saco de grano a la espalda.

Muchos años más tarde, cuando ya habían muerto los dos, el hecho se divulgó. Y cuando los ciudadanos decidieron erigir un templo, escogieron para ello el lugar en el que ambos hermanos se habían encontrado, porque no creían que hubiera en toda la ciudad un lugar más santo que aquél.

La verdadera diferencia religiosa
no es la diferencia entre quienes dan culto
y quienes no lo dan,
sino entre quienes aman
y quienes no aman.

RELIGION

Un acaudalado labrador irrumpió un día en su casa gritando con voz angustiada: «Rebeca, corre un terrible rumor en la ciudad: el Mesías está aquí!»

«¿Y qué tiene eso de terrible?», le replicó su mujer. «Yo creo que es fantástico. ¿Qué es lo que tanto te preocupa?»

«¿Que qué es lo que me preocupa?», exclamó el hombre. «Después de tantos años de sudores y de esfuerzos, al fin hemos conseguido ser ricos: tenemos mil cabezas de ganado, los graneros llenos y los árboles cargados de fruta... y ahora tendremos que deshacernos de todo y seguirle a él... ¿y me preguntas qué es lo que me preocupa?»

«Tranquilízate», le dijo su mujer. «El Señor nuestro Dios es bueno. Sabe cuánto hemos tenido que sufrir siempre los judíos. Siempre ha habido alguien que nos hiciera la vida imposible: el Faraón, Amán, Hitler... Pero nuestro Dios siempre ha encontrado el modo de castigarlos, ¿o no? Sólo tienes que tener fe, mi querido esposo. También hallará el modo de ocuparse del Mesías».

* * * *

71

RELIGION

Goldstein, a sus noventa y dos años, había conocido los «pogroms» en Polonia, los campos de concentración en Alemania y toda clase de persecuciones contra los judíos.

«¡Oh Señor!», dijo. «¿No es verdad que somos tu pueblo elegido?»

Y una voz celestial replicó: «Sí, Goldstein, los judíos sois mi pueblo elegido».

«Bueno, ¿y no es hora de que elijas a alguien distinto?»

RELIGION

Un ateo cayó por un precipicio y, mientras rodaba hacia abajo, pudo agarrarse a una rama de un pequeño árbol, quedando suspendido a trescientos metros de las rocas del fondo, pero sabiendo que no podría aguantar mucho tiempo en aquella situación.

Entonces tuvo una idea: «¡Dios!», gritó con todas sus fuerzas.

Pero sólo le respondió el silencio.

«¡Dios!», volvió a gritar. «¡Si existes, sálvame, y te prometo que creeré en ti y enseñaré a otros a creer!»

¡Más silencio! Pero, de pronto, una poderosa Voz, que hizo que retumbara todo el cañón, casi le hace soltar la rama del susto: «Eso es lo que dicen todos cuando están en apuros».

«¡No, Dios, no!», gritó el hombre, ahora un poco más esperanzado. «¡Yo no soy como los demás! ¿Por qué había de serlo, si ya he empezado a creer al haber oído por mí mismo tu Voz? ¿O es que no lo ves? ¡Ahora todo lo que tienes que hacer es salvarme, y yo proclamaré tu nombre hasta los confines de la tierra!»

«De acuerdo», dijo la Voz, «te salvaré. Suelta esa rama».

«¿Soltar la rama?», gimió el pobre hombre. «¿Crees que estoy loco?»

Se dice que, cuando Moisés alzó su cayado sobre el Mar Rojo, no se produjo el esperado milagro. Sólo cuando el primer israelita se lanzó al mar, retrocedieron las olas y se dividieron las aguas, dejando expedito el paso a los judíos.

RELIGION

La casa del mullah Nasrudin estaba ardiendo, de manera que él subió corriendo al tejado para ponerse a salvo. Y allí estaba, en tan difícil situación, cuando sus amigos se reunieron en la calle extendiendo con sus manos una manta y gritándole: «¡Salta, mullah, salta!»

«¡Ni hablar! ¡No pienso hacerlo!», dijo el mullah. «¡Os conozco de sobra, y sé que, si salto, retiraréis la manta y me dejaréis én ridículo!»

«¡No seas estúpido, mullah! ¡Esto no es ninguna broma! ¡Va en serio: salta!»

«¡No!», replicó Nasrudin. «¡No confío en ninguno de vosotros! ¡Dejad la manta en el suelo y saltaré!»

RELIGION

Se le oyó por casualidad al viejo avaro rezar del siguiente modo: «Si el Todopoderoso, cuyo santo Nombre sea siempre bendito, me concediera cien mil dólares, yo daría diez mil a los pobres. Prometo que lo haría. Y si el Todopoderoso –loado sea eternamente– no confiara en mí, que deduzca los diez mil y me envíe el resto».

El piloto a los pasajeros a mitad del vuelo: «Lamento informarles que estamos en graves dificultades. Ahora sólo Dios puede salvarnos».

Un pasajero se volvió hacia un sacerdote que viajaba a su lado y le preguntó qué era lo que había dicho el piloto. Y el sacerdote le respondió: «Dice que no hay esperanza».

RELIGION

En su peregrinación a La Meca, un santo sufi comprobó con satisfacción que apenas había peregrinos en el lugar sagrado cuando él llegó: así podría practicar sus devociones sin agobios.

Una vez cumplidas las prácticas religiosas prescritas, se arrodilló, tocó el suelo con su frente y dijo: «¡Alá, no tengo más que un deseo en mi vida: concédeme la gracia de no ofenderte nunca más!»

Cuando el Todopoderoso lo oyó, rió estruendosamente y dijo: «Eso es lo que todos piden. Pero dime: si concediera a todos esa gracia, ¿a quién iba yo a perdonar?»

Cuando al pecador le recriminaron su desenvuelto modo de entrar en el templo, él replicó: «No hay una sola persona a la que el cielo no cubra ni hay nadie a quien el suelo no sostenga. ¿Y no es Dios la tierra y el cielo para todos nosotros?»

* * * *

Un sacerdote ordenó a su diácono que reuniera a diez hombres para rezar por la curación de un enfermo.

Cuando todos estuvieron reunidos, alguien susurró al oído del sacerdote: «Hay algunos conocidos ladrones entre esos hombres...»

«Tanto mejor», dijo el sacerdote. «Si las Puertas de la Misericordia están cerradas, ellos serán los expertos que las abran».

RELIGION

Un viajero caminaba un día por la carretera cuando pasó junto a él como un rayo un caballo montado por un hombre de mirada torva y con sangre en las manos.

Al cabo de unos minutos llegó un grupo de jinetes y le preguntaron si había visto pasar a alguien con sangre en las manos.

«¿Quién es él?», preguntó el viajante.

«Un malhechor», dijo el cabecilla del grupo.

«¿Y lo perseguís para llevarlo ante la justicia?»

«No. Lo perseguimos para enseñarle el camino».

Sólo la reconciliación salvará al mundo,
no la justicia,
que suele ser una forma de venganza.

RELIGION

Una noche, estaba el poeta Awhadi de Kerman sentado en el porche de su casa e inclinado sobre un cuenco de barro. Pasó por allí el sufi Shams-e Tabrizi y le preguntó: «¿Qué estás haciendo?»

«Contemplando la luna en una taza de agua», le respondió.

«A no ser que te hayas roto el cuello, ¿por qué no miras directamente a la luna en el cielo?»

Las palabras son un reflejo imperfecto de la realidad. Un hombre creía saber cómo era el Taj Mahal porque había visto un trozo de mármol y alguien le dijo que el Taj Mahal no era más que un montón de piezas como aquélla. Y otro hombre estaba convencido de que, como había visto agua del Niágara en un cubo, sabía cómo eran las cataratas.

* * * *

«¡Tiene usted un niño precioso!»

«Esto no es nada. Debería usted verle en fotografía».

79

Las palabras (y los conceptos) son indicios,
no reflejo, de la realidad.
Pero, como dicen los místicos orientales,
«Cuando el Sabio señala la luna,
el idiota no ve más que el dedo».

Un borracho iba una noche tambaleándose por un puente cuando tropezó con un amigo. Se apoyaron en la barandilla y estuvieron charlando un rato.

«¿Qué es eso que hay allí abajo?», preguntó de pronto el borracho.

«Es la luna», le respondió su amigo.

El borracho volvió a mirar, asintió incrédulo con la cabeza y dijo: «Sí, claro, pero ¿cómo demonios ha llegado ahí?»

Casi nunca vemos la realidad.
Lo que vemos es un reflejo de la misma
en forma de palabras y conceptos
que en seguida confundimos con la realidad.
El mundo en el que vivimos
es, en su mayor parte, una construcción mental.

RELIGION

La gente se alimenta de palabras
y vive de palabras,
y estaría perdida sin ellas.

Un mendigo le tiró de la manga a un transeúnte y le pidió dinero para una taza de café. Y esto fue lo que le contó: «Hubo un tiempo, señor, en que yo era un próspero hombre de negocios, exactamente igual que usted. Trabajaba sin parar día y noche. Y sobre la mesa de mi despacho tenía un pequeño cartel con un lema: "PIENSA CREATIVAMENTE, ACTUA DECIDIDAMENTE, VIVE PELIGROSAMENTE". Y mientras mi vida se rigió por aquel lema, el dinero me entraba a raudales. Pero luego... luego... (los sollozos hacían estremecerse la figura del mendigo) ...la mujer de la limpieza arrojó el cartel a la basura».

Cuando barras el atrio del templo,
no te pares a leer los viejos periódicos.
Cuando limpies tu corazón,
no te pares a jugar con las palabras.

RELIGION

Erase una vez un hombre sumamente estúpido que, cuando se levantaba por las mañanas, tardaba tanto tiempo en encontrar su ropa que por las noches casi no se atrevía a acostarse, sólo de pensar en lo que le aguardaba cuando despertara.

Una noche tomó papel y lápiz y, a medida que se desnudaba, iba anotando el nombre de cada prenda y el lugar exacto en que la dejaba. A la mañana siguiente sacó el papel y leyó: «calzoncillos»... y allí estaban. Se los puso. «Camisa»... allí estaba. Se la puso también. «Sombrero»... allí estaba. Y se lo encasquetó en la cabeza.

Estaba verdaderamente encantado... hasta que le asaltó un horrible pensamiento: «Y yo... ¿Dónde estoy yo?» Había olvidado anotarlo. De modo que se puso a buscar y a buscar..., pero en vano. No pudo encontrarse a sí mismo.

¿Y qué pasa con los que dicen:
«Estoy leyendo este libro
para averiguar quién soy»?

RELIGION

Uno de los más renombrados sabios de la antigua India fue Svetaketu, el cual obtuvo su sabiduría del siguiente modo: cuando no tenía más que siete años, su padre le envió a estudiar los Vedas. A fuerza de aplicación y de inteligencia, el muchacho eclipsó a todos sus condiscípulos, hasta el punto de que, con el tiempo, fue considerado el mayor experto viviente en las Escrituras... cuando apenas había dejado atrás su juventud.

De vuelta a casa, su padre, para poner a prueba el talento de su hijo, le hizo esta pregunta: «¿Has aprendido lo que, una vez aprendido, hace que ya no sea necesario aprender más? ¿Has descubierto lo que, una vez descubierto, hace que cese todo sufrimiento? ¿Has conseguido saber lo que no puede ser enseñado?»

«No», respondió Svetaketu.

«Entonces», dijo su padre, «lo que has aprendido en todos estos años no sirve para nada, hijo mío».

A Svetaketu le impresionó tanto la verdad de las palabras de su padre que se puso desde entonces a descubrir, a través del silencio, la sabiduría que no puede expresarse con palabras.

Cuando se seca el estanque y se quedan los peces sin una gota de agua, no basta con echarles el aliento o tratar de humedecerlos con saliva: hay que tomarlos y echarlos al lago. No trates de animar a las personas con doctrinas; devuélvelas a la realidad. Porque el secreto de la vida hay que encontrarlo en la vida misma, no en las doctrinas sobre ella.

RELIGION

Un «buscador» le preguntó al sufí Jalaluddin Rumi si el
Corán era un buen libro para leer.

Y le respondió: «Más bien deberías preguntarte a ti mismo
si estás en condiciones de sacar provecho de él».

*Un místico cristiano solía decir de la Biblia: «Por muy útil que
sea una minuta, no sirve para comer».*

Un niño en clase de geografía: «La longitud y la latitud
sirven para que, cuando estás ahogándote, puedas llamar
diciendo en qué longitud y latitud estás y vengan a
salvarte».

*Como hay una palabra para designar la sabiduría,
la gente cree saber lo que es la sabiduría.
Pero nadie llega a ser un astrónomo
por haber comprendido el significado
de la palabra «astronomía».*

*No por mantener el termómetro elevado
a base de echarle el aliento
vas a calentar la habitación.*

RELIGION

Todos los días se podía ver meditando pacíficamente a un anciano monje, sentado en el rincón de una biblioteca japonesa.

«No lee usted nunca los sutras...», le dijo el bibliotecario.

«Nunca aprendí a leer», respondió el monje.

«¡Qué desgracia! Un monje como usted debería saber leer... ¿Quiere usted que le enseñe yo?»

«Sí», dijo el monje. Y apuntándose al pecho con un dedo, añadió: «Dígame qué significa este carácter».

¿Por qué encender una antorcha
cuando el sol brilla en el cielo?
¿Por qué regar la tierra
cuando la lluvia cae a cántaros?

RELIGION

Un guru prometió a un discípulo que había de revelarle algo mucho más importante que todo cuanto contienen las escrituras.

Cuando el discípulo, tremendamente impaciente, le pidió que cumpliera su promesa, el guru le dijo: «Sal afuera, bajo la lluvia, y quédate con los brazos y la cabeza alzados hacia el cielo. Eso te proporcionará tu primera revelación».

Al día siguiente, el discípulo acudió a informarle: «Seguí tu consejo y me calé hasta los huesos... Y me sentí como un perfecto imbécil».

«Bueno», dijo el guru, «para ser el primer día, es toda una revelación, ¿no crees?»

* * * *

RELIGION

Dice el poeta Kabir:

¿De qué le sirve al sabio abstraerse en el estudio detallado de palabras sobre esto y lo de más allá, si su pecho no está empapado de amor?

¿De qué le sirve al asceta vestirse con vistosos ropajes, si en su interior no hay colorido?

¿De qué te sirve limpiar tu comportamiento ético hasta sacarle brillo, si no hay música dentro de ti?

El discípulo: «¿Cuál es la diferencia entre el conocimiento y la iluminación?»

El maestro: «Cuando posees el conocimiento, empleas una antorcha para mostrar el camino. Cuando posees la iluminación, te conviertes tú mismo en antorcha».

RELIGION

Un día en que soplaba un fortísimo viento, saltó un paracaidista del avión y fue arrastrado a más de cien millas de su objetivo, con la mala suerte de que su paracaídas quedó enredado en un árbol, del que estuvo colgando y pidiendo socorro durante horas, sin saber siquiera dónde estaba.

Al fin pasó alguien por allí y le preguntó: «¿Qué haces subido en ese árbol?»

El paracaidista le contó lo ocurrido, y luego le preguntó: «¿Puedes decirme dónde estoy?»

«En un árbol», le respondió el otro.

«¡Oye, tú debes de ser clérigo...!»

El otro quedó sorprendido. «Sí, lo soy. ¿Cómo lo has sabido?»

«Porque lo que dices es verdad, pero no sirve para nada».

* * * *

RELIGION

En un restaurante chino hay un grupo de amigos
disfrutando de la música que interpreta un conjunto. De
pronto, un solista empieza a tocar una pieza que les
resulta conocida; todos reconocen la melodía, pero
ninguno puede recordar su nombre. Entonces llaman por
señas al camarero y le piden que averigüe qué es lo que
está tocando el intérprete. El camarero se dirige adonde
están los músicos y, al poco rato, regresa con el rostro
iluminado por una sonrisa de triunfo y cuchichea
ruidosamente: «¡El violín!»

¡La aportación del intelectual a la espiritualidad!

RELIGION

La obra estaba en plena representación en el teatro del pueblo cuando, de pronto, cayó el telón y salió al proscenio el director.

«Señoras y señores», dijo, «me apena profundamente tener que decirles que el protagonista, nuestro queridísimo alcalde, acaba de sufrir un fatal ataque al corazón en su camerino. Por tanto, nos vemos obligados a suspender la representación».

Al escuchar aquello, una corpulenta mujer de media edad que se encontraba en la primera fila se levantó y gritó agitadísima: «¡Rápido! ¡Que le den caldo de pollo!»

«Señora», dijo el director, «el ataque ha sido fatal. ¡El alcalde ha muerto!»

«¡Entonces, que se lo den enseguida!»

El director estaba que mordía: «Señora», suplicó, «¿quiere usted decirme qué bien puede hacerle a un hombre muerto un caldo de pollo?»

«¿Y qué mal puede hacerle?», gritó ella.

El caldo de pollo es para los muertos
lo que la religión es para los inconscientes,
cuyo número, por desgracia, es infinito.

RELIGION

Al Maestro le sorprendió escuchar un enorme follón cuando se dirigía a su patio. Le dijeron que uno de los causantes del altercado era un discípulo suyo, y él mandó que se lo trajeran y le preguntó cuál era la causa de todo aquel estrépito.

«Ha venido a visitarte una delegación de intelectuales, y yo les he dicho que tú no malgastas tu tiempo con personas que tienen la cabeza atiborrada de libros y de ideas, pero vacía de sabiduría, porque ésa es la clase de personas que, con su engreimiento, originan en todas partes los dogmas y las divisiones entre la gente».

El Maestro sonrió y musitó: «¡Qué verdad es ésa...! Pero dime: ¿no será tu propio engreimiento, al pretender ser diferente de los intelectuales, la causa de este conflicto y de esta división?»

RELIGION

A un sabio hindú estaban leyéndole la Vida de Jesús.

Cuando supo cómo Jesús había sido rechazado por su propia gente en Nazaret, exclamó: «¡Un rabino cuya congregación no desee expulsarlo de la ciudad no es un rabino!»

Y cuando oyó cómo los sacerdotes condenaron a muerte a Jesús, suspiró y dijo: «¡Qué difícil le resulta a Satán engañar a todo el mundo...! Por eso escoge a destacados eclesiásticos en las diferentes partes del globo».

El lamento de un obispo: «¡Dondequiera que fue Jesús, hubo una revolución; dondequiera que voy yo, me sirven té!»

RELIGION

Cuando te sigue un millón de personas, te preguntas en qué te habrás equivocado.

Un autor hebreo explica que los judíos no son proselitistas, sino que se exige a los rabinos que hagan tres distintos esfuerzos para desanimar a los posibles conversos.

La espiritualidad es para una «élite»: no puede transigir en lo más mínimo para hacerse aceptable; por eso no es del agrado de las masas, que quieren jarabe, no medicina. En cierta ocasión, cuando le seguían grandes multitudes, Jesús les dijo:

«Quién de vosotros, queriendo edificar una torre, no se sienta primero a calcular los gastos y ver si tiene para acabarla? ¿O qué rey, si sale a enfrentarse con otro rey, no se sienta antes y delibera si con diez mil puede salir al paso del que viene contra él con veinte mil? Y si no, cuando está todavía lejos, envía una embajada para llegar a un acuerdo. Pues, de igual manera, cualquiera de vosotros que no renuncie a todos sus bienes no puede ser mi discípulo».

La gente no desea la verdad.
Desea promesas tranquilizadoras.

RELIGION

Le contaron a un antiguo filósofo, muerto desde hacía muchos siglos, que sus representantes estaban desfigurando sus enseñanzas. Como era un hombre compasivo y amante de la verdad, se las arregló para que, tras muchos esfuerzos, le fuera concedido regresar a la tierra durante unos días.

Le llevó varias jornadas convencer de su identidad a sus sucesores. Y una vez despejadas las dudas, ellos no tardaron en perder todo interés en lo que él tenía que decir, y le pidieron que les revelara el secreto para regresar a la vida desde el sepulcro.

El tuvo que hacer enormes esfuerzos para convencerles de que no tenía manera de hacerles partícipes de dicho secreto, y que era infinitamente más importante para el bien de la humanidad el que ellos le devolvieran a su doctrina su pureza originaria.

Pero todo fue en vano. Lo que ellos le arguyeron fue: «¿No comprendes que lo importante no es lo que tú enseñaste, sino nuestra manera de interpretarlo? A fin de cuentas, tú no eres más que un ave de paso, mientras que nosotros estamos aquí de modo permanente».

Cuando Buda muere, nacen las escuelas.

RELIGION

Un predicador le dice a un amigo suyo: «Nuestra iglesia acaba de experimentar su mayor resurgimiento en muchos años».

«¿Cuántos se han apuntado?»

«Ninguno. Hemos perdido a quinientos».

¡Jesús habría aplaudido!

Por desgracia, la experiencia enseña que nuestras convicciones religiosas guardan tanta relación con nuestra santidad personal como el «esmoquin» de un hombre con su digestión.

RELIGION

Todos los filósofos, teólogos y doctores de la ley fueron reunidos en el tribunal para asistir al juicio del mullah Nasrudin, a quien se imputaba la grave acusación de haber ido de ciudad en ciudad diciendo: «Vuestros supuestos dirigentes religiosos son unos ignorantes y están confusos». De modo que le acusaron de hereje, lo cual estaba penado con la muerte.

«Puedes hablar tú el primero», le dijo el Califa.

El mullah estaba perfectamente tranquilo. «Ordena que traigan papel y plumas para escribir», dijo, «y que lo repartan entre los diez hombres más sabios de esta augusta asamblea».

Y, para regocijo de Nasrudin, se organizó entre todos ellos una tremenda disputa acerca de quién era el más sabio de todos. Cuando la contienda concluyó y quedaron provistos de papel y pluma los diez elegidos, el mullah dijo: «Que cada uno de ellos escriba la respuesta a la siguiente pregunta: ¿DE QUE ESTA HECHA LA MATERIA?»

RELIGION

Las respuestas fueron escritas y entregadas al Califa, el
cual las leyó. Uno decía: «Está hecha de la nada». Otro:
«De moléculas». Otro: «De energía». Y otros: «De luz», «No
lo sé», «De esencia metafísica», etc.

Y Nasrudin dijo al Califa: «Cuando se pongan de acuerdo
acerca de lo que es la materia, estarán en condiciones de
juzgar asuntos del espíritu. Pero ¿no es extraño que no
puedan ponerse de acuerdo en algo de lo que ellos
mismos están hechos y, sin embargo, sean unánimes a la
hora de decidir que yo soy un hereje?»

Lo que produce daño
no es la diversidad de nuestros dogmas,
sino nuestro dogmatismo.
Por eso, si cada uno de nosotros hiciera
aquello de lo que está firmemente persuadido
que es la voluntad de Dios,
el resultado sería el más absoluto caos.
La culpa la tiene la certeza.
La persona espiritual conoce la incertidumbre,
que es un estado de ánimo
desconocido para el fanático religioso.

Una noche, un pescador entró a hurtadillas en el parque
de un hombre rico y echó sus redes en el estanque lleno
de peces. Pero el otro lo oyó y envió a sus
guardias contra él.

Cuando vio que le andaban buscando por todas partes con
antorchas encendidas, el pescador cubrió apresuradamente
su cuerpo de cenizas y se sentó bajo un árbol, como hacen
los santones en la India.

Los guardias, a pesar de buscar durante horas, no
encontraron a ningún pescador furtivo. Lo único que
vieron fue a un hombre cubierto de cenizas y sentado bajo
un árbol, absorto en la meditación.

Al día siguiente se propaló por doquier el rumor de que un
gran sabio había decidido establecer su residencia en el
parque del hombre rico. La gente acudió en tropel, con
flores y toda clase de comida, y hasta con montones de
dinero, a presentarle sus respetos, porque existe la piadosa
creencia de que los dones hechos a un hombre santo
hacen que descienda sobre el donante la
bendición de Dios.

El pescador, trocado en santo, quedó asombrado de su
buena suerte. «Es más fácil vivir de la fe de esta gente que
del trabajo de mis manos», se dijo para sí. De manera que
siguió meditando y no volvió jamás a trabajar.

RELIGION

Un rey soñó que había visto a un rey en el paraíso y a un
sacerdote en el infierno. Cuando estaba preguntándose
cómo podía ser aquello, oyó una Voz que decía: «El rey
está en el paraíso por haber respetado a los sacerdotes.
El sacerdote está en el infierno por haber
transigido con los reyes».

RELIGION

Cuando la Hermana preguntó a los niños en clase qué querían ser cuando fuesen mayores, el pequeño Tommy dijo que quería ser piloto. Elsie respondió que quería ser médico. Bobby, para satisfacción de la Hermana, afirmó que quería ser sacerdote. Al fin, se levantó Mary y dijo que quería ser prostituta.

«¿Qué has dicho, Mary? ¿Querrías repetirlo?»

«Cuando sea mayor», dijo Mary con ese aspecto de quien sabe exactamente lo que quiere, «seré una prostituta».

La Hermana se quedó viendo visiones. Inmediatamente, Mary fue separada del resto de los niños y enviada al capellán.

Al capellán le habían explicado los hechos a grandes líneas, pero quería comprobarlos personalmente. «Mary», le dijo a la niña, «dime con tus propias palabras lo que ha ocurrido».

RELIGION

«Bueno», dijo Mary, un tanto desconcertada por todo aquel lío, «la Hermana me preguntó qué quería ser cuando fuera mayor, y yo le dije que quería ser una prostituta».

«¿Has dicho "prostituta"?», preguntó el capellán recalcando la última palabra.

«Sí».

«¡Cielos, qué alivio! ¡Todos habíamos creído que habías dicho que querías ser protestante!»

El rabino Abrahán había llevado una vida ejemplar. Y cuando le llegó la hora, dejó este mundo rodeado de la veneración y el afecto de su congregación, que había llegado a considerarle como un santo y como la principal causa de todas las bendiciones que todos ellos habían recibido de Dios.

Y algo parecido sucedía en «la otra orilla», donde los ángeles salieron a recibirlo con exclamaciones de alabanza. Pero, en medio de todo aquel regocijo, el rabino, que parecía un tanto afligido y como retraído, conservó la calma y se negó a ser agasajado. Finalmente, lo condujeron ante el Tribunal, donde se sintió rodeado de una infinita y amorosa benevolencia y oyó una Voz que le decía con infinita ternura: «¿Qué es lo que te aflige, hijo mío?»

«Santo entre los santos», respondió el rabino, «yo soy indigno de todos los honores que aquí se me tributan. Aun cuando fuera considerado como un ejemplo para la gente, tiene que haber algo malo en mi vida, porque mi único hijo, a pesar de mi ejemplo y de mis enseñanzas, ha abandonado nuestra fe y se ha hecho cristiano».

«Eso no debe inquietarte, hijo mío. Yo comprendo perfectamente cómo te sientes, porque tengo un hijo que hizo exactamente lo mismo».

RELIGION

En la ciudad irlandesa de Belfast, un sacerdote católico, un pastor protestante y un rabino judío se enzarzaron en una acalorada discusión teológica. De pronto se apareció un ángel en medio de ellos y les dijo: «Dios os envía sus bendiciones. Formulad cada uno un deseo de paz, y será satisfecho por el Todopoderoso».

Y el pastor dijo: «Que desaparezcan todos los católicos de nuestra hermosa isla, y reinará la paz».

Luego dijo el sacerdote: «Que no quede un solo protestante en nuestro sagrado suelo irlandés, y vendrá la paz a nuestra isla».

«¿Y qué dices tú, rabino?», le preguntó el ángel, «¿No tienes ningún deseo?»

«No», respondió el rabino. «Me conformo con que se cumplan los deseos de estos dos caballeros».

El niño: «¿Eres presbiteriana?»
La niña: «No. Pertenecemos a distintas abominaciones».

RELIGION

Un cazador mandó a su perro a buscar algo que se movía entre los árboles. El perro hizo salir de allí a un zorro y lo acosó hasta que estuvo en situación de ser alcanzado por las balas del cazador.

El zorro, agonizante, le dijo al perro: «¿Nunca te dijeron que el zorro es hermano del perro?»

«Por supuesto que sí», respondió el perro. «Pero eso es para los idealistas y para los estúpidos. Para los que somos prácticos, la fraternidad es producto de la coincidencia de intereses».

Le dijo un cristiano a un budista: «En realidad, podríamos ser hermanos. Pero eso es para los idealistas y para los estúpidos. Para los que somos prácticos, la fraternidad radica en la coincidencia de las creencias».

Por desgracia, la mayoría de las personas poseen la religión suficiente para odiar, pero no lo bastante como para amar.

RELIGION

En su autobiografía, el Mahatma Gandhi cuenta cómo, durante sus tiempos de estudiante en Sudáfrica, le interesó profundamente la Biblia, en especial el Sermón del Monte.

Llegó a convencerse de que el cristianismo era la respuesta al sistema de castas que durante siglos había padecido la India, y consideró muy seriamente la posibilidad de hacerse cristiano.

Un día quiso entrar en una iglesia para oír misa e instruirse, pero le detuvieron a la entrada y, con mucha suavidad, le dijeron que, si deseaba oír misa, sería bien recibido en una iglesia reservada a los negros.

Desistió de su idea y no volvió a intentarlo.

* * * *

Un pecador público fue excomulgado y se le prohibió entrar en la iglesia.

Entonces le presentó sus quejas a Dios: «No quieren dejarme entrar, Señor, porque soy un pecador...»

«¿Y de qué te quejas?«, le dijo Dios. «Tampoco a mí me dejan entrar».

RELIGION

Una iglesia, o una sinagoga, necesita recaudar dinero para sobrevivir. Pues bien, érase una vez una sinagoga judía en la que no hacían colecta entre los fieles, como suele hacerse en las iglesias cristianas. Su método para recaudar fondos consistía en vender entradas para obtener asiento en las festividades solemnes, que era cuando mayor asistencia había y la gente se mostraba más generosa.

Una de esas fiestas, llegó un muchacho a la sinagoga en busca de su padre, pero los conserjes no le permitían entrar, porque no tenía entrada.

«Por favor», dijo el muchacho, «se trata de un asunto muy importante...»

«Eso es lo que dicen todos», replicó impasible el conserje.

El chico se desesperó y comenzó a suplicar: «Por favor, señor, déjeme entrar... Es cuestión de vida o muerte... Sólo tardaré un minuto...»

Al fin, el conserje se ablandó: «Está bien; si es tan importante, de acuerdo... Pero ¡que no te pille yo rezando!»

Desgraciadamente, la religión organizada tiene sus limitaciones.

RELIGION

El predicador estaba aquel día más elocuente que de costumbre, y todos, lo que se dice todos, soltaron la lágrima. Bueno, no exactamente todos, porque en el primer banco estaba sentado un caballero con la mirada fija en un punto delante de sí, totalmente insensible al sermón.

Concluido el servicio, alguien le dijo: «Ha escuchado usted el sermón, ¿no es cierto?»

«Por supuesto», respondió glacialmente el caballero. «No estoy sordo».

«¿Y qué le ha parecido?»

«Tan emocionante que daban ganas de llorar».

«¿Y por qué, si me permite preguntárselo, no ha llorado usted?»

«Porque no soy de esta parroquia».

RELIGION

Según un cierto relato, cuando Dios creó el mundo y
quedó extasiado ante la bondad del mismo, Satán
compartió su arrobamiento –a su manera, por supuesto–,
pues, mientras contemplaba una maravilla tras otra, no
dejaba de exclamar: «¡Qué bueno es! ¡Vamos a
organizarlo...!

«¡...y a divertirnos con él cuanto podamos!»

¿Has intentado alguna vez
organizar algo como, por ejemplo, la paz?
En el momento en que lo hagas
verás lo que son los conflictos de poder
y las luchas internas dentro de la organización.
La única manera de tener paz
es dejarla crecer libremente.

RELIGION

Un obispo estaba examinando la idoneidad de un grupo de candidatos al bautismo.

«¿En qué habrán de conocer los demás que sois católicos?», les preguntó.

Pero no obtuvo respuesta. Evidentemente, nadie esperaba aquella pregunta. El obispo la repitió, pero esta vez haciendo el signo de la cruz para darles una pista sobre la respuesta exacta.

De pronto, uno de los candidatos dijo: «¡En el amor!».

El obispo quedó desconcertado, y a punto estuvo de decir: «Falso», pero se contuvo en el último momento.

* * * *

Alguien solicitó del obispo el «imprimatur» para un libro dirigido a los niños que contenía las parábolas de Jesús, unas cuantas ilustraciones y una serie de sentencias evangélicas. Ni una palabra más.

El «imprimatur» fue concedido con la acostumbrada reserva: «El "imprimatur" no implica necesariamente que el obispo comparta las opiniones expresadas en el libro».

¡Y dale con las trabas organizativas!

RELIGION

Así crecen las organizaciones espirituales:

Un guru quedó tan impresionado por el progreso espiritual de su discípulo que, pensando que ya no necesitaba ser guiado, le permitió independizarse y ocupar una pequeña cabaña a la orilla de un río.

Cada mañana, después de efectuar sus abluciones, el discípulo ponía a secar su taparrabos, que era su única posesión. Pero un día quedó consternado al comprobar que las ratas lo habían hecho trizas. De manera que tuvo que mendigar entre los habitantes de la aldea para conseguir otro. Cuando las ratas también destrozaron éste, decidió hacerse con un gato, con lo cual dejó de tener problemas con las ratas, pero, además de mendigar para su propio sustento, tuvo que hacerlo para conseguir leche para el gato.

«Esto de mendigar es demasiado molesto», pensó, «y demasiado oneroso para los habitantes de la aldea. Tendré que hacerme con una vaca». Y cuando consiguió la vaca, tuvo que mendigar para conseguir forraje. «Será mejor que cultive el terreno que hay junto a la cabaña», pensó entonces. Pero también aquello demostró tener sus inconvenientes, porque le dejaba poco tiempo para la meditación. De modo que empleó a unos peones que cultivaran la tierra por él. Pero entonces se le presentó la necesidad de vigilar a los peones, por lo que decidió casarse con una mujer que hiciera esta tarea.
Naturalmente, antes de que pasara mucho tiempo se había convertido en uno de los hombres más ricos de la aldea.

Años más tarde, acertó a pasar por allí el guru, que se sorprendió al ver una suntuosa mansión donde antes se alzaba la cabaña. Entonces le preguntó a uno de los sirvientes: «¿No vivía aquí un discípulo mío?»

Y antes de que obtuviera respuesta, salió de la casa el propio discípulo. «¿Qué significa todo esto, hijo mío?», preguntó el guru.

«No va usted a creerlo, señor», respondió éste, «pero no encontré otro modo de conservar mi taparrabos».

RELIGION

En un determinado lugar de una accidentada costa, donde eran frecuentes los naufragios, había una pequeña y destartalada estación de salvamento que constaba de una simple cabaña y un humilde barco. Pero las pocas personas que la atendían lo hacían con verdadera dedicación, vigilando constantemente el mar e internándose en él intrépidamente, sin preocuparse de su propia seguridad, si tenían la más ligera sospecha de que en alguna parte había un naufragio. De ese modo salvaron muchas vidas y se hizo famosa la estación.

Y a medida que crecía dicha fama, creció también el deseo, por parte de los habitantes de las cercanías, de que se les asociara a ellos con tan excelente labor. Para lo cual se mostraron generosos a la hora de ofrecer su tiempo y su dinero, de manera que se amplió la plantilla de socorristas, se compraron nuevos barcos y se adiestró a nuevas tripulaciones. También la cabaña fue sustituida por un confortable edificio capaz de satisfacer adecuadamente las necesidades de los que habían sido salvados del mar y, naturalmente, como los naufragios no se producen todos los días, se convirtió en un popular lugar de encuentro, en una especie de club local. Con el paso del tiempo, la vida social se hizo tan intensa que se perdió casi todo el interés por el salvamento, aunque, eso sí, todo el mundo ostentaba orgullosamente las insignias con el lema de la estación. Pero, de hecho, cuando alguien era rescatado del mar, siempre podía detectarse el fastidio, porque los náufragos solían estar sucios y enfermos y ensuciaban la moqueta y los muebles.

RELIGION

Las actividades sociales del club pronto se hicieron tan numerosas, y las actividades de salvamento tan escasas, que en una reunión del club se produjo un enfrentamiento con algunos miembros que insistían en recuperar la finalidad y la actividad originarias. Se procedió a una votación, y aquellos alborotadores, que demostraron ser minoría, fueron invitados a abandonar el club y crear otro por su cuenta.

Y esto fue justamente lo que hicieron: crear otra estación en la misma costa, un poco más allá, en la que demostraron tal desinterés de sí mismos y tal valentía que se hicieron famosos por su heroísmo. Con lo cual creció el número de sus miembros, se reconstruyó la cabaña... y acabó apagándose su idealismo. Si, por casualidad, visita usted hoy aquella zona, se encontrará con una serie de clubs selectos a lo largo de la costa, cada uno de los cuales se siente orgulloso, y con razón, de sus orígenes y de su tradición. Todavía siguen produciéndose naufragios en la zona, pero a nadie parecen preocuparle demasiado.

RELIGION

En un desierto país, los árboles eran bastante escasos y resultaba difícil encontrar fruta. Se decía que Dios quiso asegurarse de que hubiera suficiente para todos, y por eso se había aparecido a un profeta y le había dicho: «Este es mi mandamiento para todo el pueblo, tanto ahora como en futuras generaciones: nadie comerá más de una fruta al día. Hazlo constar en el Libro Sagrado. Y quien quebrante esta ley será considerado reo de pecado contra Dios y contra la humanidad».

La ley fue fielmente observada durante siglos, hasta que los científicos descubrieron el modo de convertir el desierto en un vergel. El país se hizo rico en cereales y ganado, y los árboles se doblaban bajo el peso de la fruta, que no era recogida, porque las autoridades civiles y religiosas del país seguían manteniendo en vigor la antigua ley.

Y cualquiera que diera muestras de haber pecado contra la humanidad por permitir que se pudiera fruta en el suelo, era tildado de blasfemo y enemigo de la moralidad. Se decía que tales personas, que ponían en tela de juicio la sabiduría de la Sagrada Palabra de Dios, eran guiadas por el orgulloso espíritu de la razón y carecían del espíritu de fe y de sumisión, que era requisito imprescindible para recibir la Verdad.

RELIGION

En los templos solían pronunciarse sermones en los que se afirmaba que los que quebrantaban la ley acababan mal. Ni una sola vez se mencionaba a los que, en igual número, acababan mal a pesar de haber observado fielmente la ley, ni tampoco a los muchísimos que prosperaban a pesar de haberla quebrantado.

Y no podía hacerse nada por cambiar la ley, porque el profeta que había pretendido haberla recibido de Dios había muerto hacía mucho tiempo. De haber vivido, tal vez hubiera tenido el valor y el sentido común de cambiar la ley a tenor de las circunstancias, porque habría tomado la Palabra de Dios no como algo que hubiera que reverenciar, sino como algo que debía usarse para el bienestar del pueblo.

La consecuencia de todo ello es que había personas que se burlaban de la ley, de Dios y de la religión. Otras la quebrantaban en secreto, y siempre con la sensación de estar pecando. Pero la inmensa mayoría la observaba fielmente, llegando incluso a considerarse santos por el simple hecho de haber respetado una absurda y anticuada costumbre de la que el miedo les impedía prescindir.

RELIGION

*Las personas verdaderamente religiosas
observan la Ley.
Pero ni la temen...*

«¿Cómo se gana usted la vida?», le preguntó una señora a un hombre joven durante un "cocktail".

«Soy paracaidista».

«Debe de ser tremendo saltar con paracaídas...», dijo la señora.

«En fin..., tiene sus malos momentos, sí».

«¿Y cuál ha sido su más terrible experiencia?».

«Bueno», dijo el paracaidista, «creo que fue una vez en que caí en un césped en el que había un letrero que decía: "PROHIBIDO PISAR LA HIERBA"».

RELIGION

...ni la reverencian...

Un sargento preguntó a un grupo de reclutas por qué se usaba madera de nogal para la culata del rifle.

«Porque es más dura que cualquier otra madera», respondió uno de ellos.

«Incorrecto», dijo el sargento.

«Porque es más elástica», dijo otro.

«Incorrecto también».

«Porque tiene mejor brillo...»

«Ciertamente, tenéis mucho que aprender, muchachos. ¡Se emplea madera de nogal por la sencilla razón de que así lo dicen las ordenanzas!»

...ni la absolutizan...

Un empleado del ferrocarril informó de un asesinato
ocurrido en un tren en los siguientes términos: «El asesino
accedió al vagón desde la plataforma, asestó cinco salvajes
puñaladas a la víctima, cada una de las cuales era mortal
de necesidad, y abandonó el tren por la otra puerta,
apeándose en la vía y, consiguientemente, transgrediendo
las normas de la Compañía de Ferrocarriles».

*Le criticaban a un noble el que hubiera incendiado la catedral.
Y él dijo que lo lamentaba de veras, pero que le habían
informado —erróneamente, como demostraron los hechos— de
que el Arzobispo se encontraba dentro.*

* * * *

En una pequeña ciudad, un hombre marcó en el teléfono
el 016 y pidió que le pusieran con Información. Al otro
lado del teléfono se oyó la voz de una mujer: «Lo siento,
tendrá que marcar el 015».

Cuando hubo marcado el 015, le pareció escuchar la
misma voz. Entonces dijo: «¿No es usted la señora con la
que acabo de hablar?»

«Lo soy», respondió la voz. «Es que hoy cubro los dos
servicios».

RELIGION

...ni la magnifican desproporcionadamente...

El señor Smith había asesinado a su esposa, y la defensa alegó enajenación mental transitoria. El acusado se encontraba declarando, y su abogado le pidió que describiera cómo había sido el crimen.

«Señor Juez», dijo él, «yo soy un hombre tranquilo y ordenado que vive en paz con todo el mundo. Todos los días me levanto a las siete, desayuno a las siete y media, comienzo mi trabajo a las nueve, lo dejo a las cinco de la tarde, llego a casa a las seis, encuentro la cena en la mesa, ceno, leo el periódico, miro la televisión y me voy a la cama. Así he vivido hasta el día de marras...»

Al llegar a este punto, su respiración se aceleró y un brillo de cólera asomó en sus ojos.

«Prosiga», dijo tranquilamente el abogado. «Cuente a este tribunal lo que sucedió».

RELIGION

«Aquel día me desperté a las siete, como de costumbre; desayuné a las siete y media, comencé mi trabajo a las nueve, lo dejé a las cinco de la tarde, llegué a casa a las seis y descubrí, consternado, que la cena no estaba en la mesa. Tampoco había rastro de mi mujer. De modo que busqué por toda la casa y la encontré en la cama con un extraño. Entonces le disparé».

«Describa lo que sintió en el momento en que la mataba», dijo el abogado, visiblemente interesado en subrayar este punto.

«Yo estaba inconteniblemente furioso. Sencillamente, me había vuelto loco. ¡Señor Juez, damas y caballeros del jurado», gritó, a la vez que golpeaba con su puño el brazo del sillón, «cuando yo llego a casa a las seis de la tarde, exijo terminantemente que la cena esté en la mesa!»

RELIGION

...ni la explotan.

El mullah Nasrudin se encontró un diamante al borde de la carretera. Según la ley, el que encuentra algo sólo puede quedarse con ello si anuncia su hallazgo, en tres ocasiones distintas, en el centro de la plaza del mercado.

Como Nasrudin tenía una mentalidad demasiado religiosa como para hacer caso omiso de la ley, y además era demasiado codicioso como para correr el riesgo de tener que entregar lo que había encontrado, acudió durante tres noches consecutivas al centro del mercado de la plaza, cuando estaba seguro de que todo el mundo estaba durmiendo, y allí anunció con voz apagada: «He encontrado un diamante en la carretera que conduce a la ciudad. Si alguien sabe quién es su dueño, que se ponga en contacto conmigo cuanto antes».

Naturalmente, nadie se enteró de las palabras del mullah, excepto un hombre que, casualmente, se encontraba asomado a su ventana la tercera noche y oyó cómo el mullah decía algo entre dientes. Cuando quiso averiguar de qué se trataba, Nasrudin le replicó: «Aunque no estoy en absoluto obligado a decírtelo, te diré algo: como soy un hombre religioso, he acudido aquí esta noche a pronunciar ciertas palabras en cumplimiento de la ley».

Propiamente, para ser malo
no necesitas quebrantar la ley.
Basta con que la observes a la letra.

RELIGION

Entre los judíos, la observancia del Sábado, el día del Señor, era originariamente algo gozoso; pero los rabinos se pusieron a promulgar mandatos acerca de cómo había que observarlo y de las actividades que estaban permitidas, hasta que algunas personas se dieron cuenta de que apenas podían moverse durante el sábado, por miedo a transgredir tal o cual norma.

Baal Sem, hijo de Eliezer, reflexionó mucho a este respecto, y una noche tuvo un sueño: un ángel se lo llevó al cielo y le mostró dos tronos situados mucho más arriba que los demás.

«¿Para quién están reservados?», preguntó.

«Para ti», le respondió el ángel, «si sabes hacer uso de tu inteligencia, y para un hombre cuyo nombre y dirección escribo ahora mismo en este papel que te entrego».

A continuación, fue llevado al lugar más profundo del infierno y le fueron mostrados dos asientos vacíos. «¿Para quién están reservados?», preguntó.

«Para ti», fue la respuesta, «si no sabes hacer uso de tu inteligencia, y para el hombre cuyo nombre y dirección figuran en este papel que ahora se te entrega».

En su sueño, Baal Sem fue a visitar al hombre que habría de ser su compañero en el paraíso, y descubrió que vivía entre los gentiles, que ignoraba por completo las costumbres judías y que los sábados solía dar un banquete de lo más animado al que invitaba a todos sus vecinos gentiles. Cuando Baal Sem le preguntó por qué celebraba aquel tipo de banquetes, el otro le respondió: «Recuerdo que, siendo niño, mis padres me enseñaron que el sábado era un día de descanso y regocijo; por eso mi madre hacía los sábados las más suculentas comidas, en las que cantábamos, bailábamos y armábamos un gran jaleo. Y yo he seguido su ejemplo».

Baal Sem trató de instruir a aquel hombre en los usos de lo que en realidad era su religión, porque aquel hombre había nacido judío, pero, evidentemente, ignoraba por completo todo tipo de prescripciones rabínicas. Pero se quedó sin habla cuando se dio cuenta de que la alegría que aquel hombre experimentaba los sábados se echaría a perder si se le hacía tomar conciencia de sus deficiencias.

En el mismo sueño, Baal Sem acudió luego a visitar a su posible compañero del infierno, y descubrió que se trataba de un hombre que observaba estrictamente la ley y que sentía el temor constante de que su conducta no fuera la apropiada. El pobre hombre se pasaba todo el sábado en un estado de tensión originado por sus escrúpulos, como si estuviera sentado sobre brasas. Y cuando Baal Sem trató de reprenderle por ser tan esclavo de la ley, perdió la facultad de hablar al caer en la cuenta de que aquel hombre nunca comprendería que podía actuar equivocadamente por tratar de cumplir las normas religiosas.

Gracias a esta revelación en forma de sueño, Baal Sem elaboró un nuevo sistema de observancia, según el cual a Dios se le da culto con la alegría que brota del corazón.

Cuando las personas están alegres,
siempre son buenas;
mientras que, cuando son buenas,
rara vez están alegres.

RELIGION

El sacerdote anunció que el domingo siguiente vendría a la iglesia el mismísimo Jesucristo en persona y, lógicamente, la gente acudió en tropel a verlo. Todo el mundo esperaba que predicara, pero él, cuando fue presentado, se limitó a sonreír y dijo: «Hola». Todos, y en especial el sacerdote, le ofrecieron su casa para que pasara aquella noche, pero él rehusó cortésmente todas las invitaciones y dijo que pasaría la noche en la iglesia. Y todos pensaron que era muy apropiado.

A la mañana siguiente, a primera hora, salió de allí antes de que abrieran las puertas de la iglesia. Y cuando llegaron el sacerdote y el pueblo, descubrieron horrorizados que su iglesia había sido profanada: las paredes estaban llenas de «pintadas» con la palabra «¡CUIDADO!» No había sido respetado un solo lugar de la iglesia: puertas y ventanas, columnas y púlpito, el altar y hasta la biblia que descansaba sobre el atril. En todas partes, ¡CUIDADO!, pintado con letras grandes o con letras pequeñas, con lapicero o con pluma, y en todos los colores imaginables. Dondequiera que uno mirara, podía ver la misma palabra: «¡CUIDADO, cuidado, Cuidado, CUIDADO, cuidado, cuidado...!»

Ofensivo. Irritante. Desconcertante. Fascinante. Aterrador. ¿De qué se suponía que había que tener cuidado? No se decía. Tan sólo se decía: «¡CUIDADO!» El primer impulso de la gente fue borrar todo rastro de aquella profanación, de aquel sacrilegio. Y si no lo hicieron, fue únicamente por la posibilidad de que aquello hubiera sido obra del propio Jesús.

RELIGION

Y aquella misteriosa palabra, «¡CUIDADO!», comenzó, a partir de entonces, a surtir efecto en los feligreses cada vez que acudían a la iglesia. Comenzaron a tener cuidado con las Escrituras, y consiguieron servirse de ellas sin caer en el fanatismo. Comenzaron a tener cuidado con los sacramentos, y lograron santificarse sin incurrir en la superstición. El sacerdote comenzó a tener cuidado con su poder sobre los fieles, y aprendió a ayudarles sin necesidad de controlarlos. Y todo el mundo comenzó a tener cuidado con esa forma de religión que convierte a los incautos en santurrones. Comenzaron a tener cuidado con la legislación eclesiástica, y aprendieron a observar la ley sin dejar de ser compasivos con los débiles. Comenzaron a tener cuidado con la oración, y ésta dejó de ser un impedimento para adquirir confianza en sí mismos. Comenzaron incluso a tener cuidado con sus ideas sobre Dios, y aprendieron a reconocer su presencia fuera de los estrechos límites de su iglesia.

Actualmente, la palabra en cuestión, que entonces fue motivo de escándalo, aparece inscrita en la parte superior de la entrada de la iglesia, y si pasas por allí de noche, puedes leerla en un enorme rótulo de luces de neón multicolores.

GRACIA

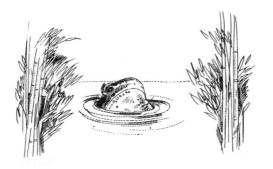

GRACIA

Se hallaba un sacerdote sentado en su escritorio, junto a la ventana, preparando un sermón sobre la Providencia. De pronto oyó algo que le pareció una explosión, y a continuación vio cómo la gente corría enloquecida de un lado para otro, y supo que había reventado una presa, que el río se había desbordado y que la gente estaba siendo evacuada.

El sacerdote comprobó que el agua había alcanzado ya a la calle en la que él vivía, y tuvo cierta dificultad en evitar dejarse dominar por el pánico. Pero consiguió decirse a sí mismo: «Aquí estoy yo, preparando un sermón sobre la Providencia, y se me ofrece la oportunidad de practicar lo que predico. No debo huir con los demás, sino quedarme aquí y confiar en que la providencia de Dios me ha de salvar».

Cuando el agua llegaba ya a la altura de su ventana, pasó por allí una barca llena de gente. «¡Salte adentro, Padre!», le gritaron. «No, hijos míos», respondió el sacerdote lleno de confianza, «yo confío en que me salve la providencia de Dios».

El sacerdote subió al tejado y, cuando el agua llegó hasta allí, pasó otra barca llena de gente que volvió a animar encarecidamente al sacerdote a que subiera. Pero él volvió a negarse.

GRACIA

Entonces se encaramó a lo alto del campanario. Y cuando el agua le llegaba ya a las rodillas, llegó un agente de policía a rescatarlo con una motora. «Muchas gracias, agente», le dijo el sacerdote sonriendo tranquilamente, «pero ya sabe usted que yo confío en Dios, que nunca habrá de defraudarme».

Cuando el sacerdote se ahogó y fue al cielo, lo primero que hizo fue quejarse ante Dios: «¡Yo confiaba en ti! ¿Por qué no hiciste nada por salvarme?»

«Bueno», le dijo Dios, «la verdad es que envié tres botes, ¿no lo recuerdas?»

GRACIA

Iban de viaje dos monjes, uno de los cuales practicaba la espiritualidad del ahorro, mientras que el otro creía en la renuncia. Se habían pasado el día discutiendo acerca de sus respectivas espiritualidades, hasta que, al atardecer, llegaron a la orilla de un río.

El que creía en la renuncia no llevaba dinero consigo, y le dijo al otro: «No podemos pagar al barquero para que nos pase al otro lado, pero tampoco hay que preocuparse por el cuerpo. Será mejor que pasemos aquí la noche alabando a Dios, y seguro que mañana encontraremos a un alma buena que nos pague la travesía».

Y dijo el otro: «A este lado del río no hay pueblo, caserío, cabaña ni refugio alguno. Nos devorarán las bestias salvajes, o nos picarán las serpientes, o nos moriremos de frío. Sin embargo, al otro lado del río podremos pasar la noche confortablemente y a salvo. Yo tengo dinero para pagar al barquero».

Y una vez a salvo en la otra orilla, le regañó a su compañero: «¿Has visto para lo que vale el ahorrar dinero? Gracias a ello he podido salvar tu vida y la mía. ¿Qué nos habría ocurrido si yo hubiera sido un hombre de renuncia como tú?»

Y el otro le replicó: «Ha sido tu renuncia la que nos ha permitido cruzar el río, porque te has desprendido de parte de tu dinero para pagar al barquero, ¿no es así? Además, como yo no llevaba dinero en mi bolsillo, tu bolsillo se ha hecho mío. La verdad es que he observado que yo no sufro jamás, porque siempre tengo lo que necesito».

GRACIA

Durante una fiesta, en el Japón, le hicieron probar una popular bebida japonesa a un turista, el cual, después de tomar la primera copa, observó que el mobiliario de la habitación se movía.

«Es una bebida muy fuerte...», le dijo a su anfitrión.

«No demasiado», replicó éste. «Lo que ocurre es que hay un terremoto».

* * * *

Un elefante se separó de la manada y fue a cruzar un viejo y frágil puente de madera tendido sobre un barranco.

La débil estructura se estremeció y crujió, apenas capaz de soportar el peso del elefante.

Una vez a salvo al otro lado del barranco, una pulga que se encontraba alojada en una oreja del elefante exclamó, enormemente satisfecha: «¡Muchacho, hemos hecho temblar ese puente!»

GRACIA

Una anciana mujer observó con qué precisión, casi
científica, se ponía a cantar su gallo, todos los días,
justamente antes de que saliera el sol, llegando a la
conclusión de que era el canto de su gallo el que hacía que
el sol saliera.

Por eso, cuando se le murió el gallo, se apresuró a
reemplazarlo por otro, no fuera a ser que a la mañana
siguiente no saliera el astro rey.

Un día, la anciana riñó con sus vecinos y se trasladó a
vivir, con su hermana, a unas cuantas millas de la aldea.

Cuando, al día siguiente, el gallo se puso a cantar, y un
poco más tarde comenzó a salir el sol por el horizonte, ella
se reafirmó en lo que durante tanto tiempo había sabido:
ahora, el sol salía donde ella estaba, mientras que la aldea
quedaba a oscuras. ¡Ellos se lo habían buscado!

Lo único que siempre le extrañó fue que sus antiguos
vecinos no acudieran jamás a pedirle que regresara a la
aldea con su gallo. Pero ella lo atribuyó a la testarudez y
estupidez de aquellos ignorantes.

*   *   *   *

«De modo que éste ha sido tu primer vuelo... Y bien, ¿has pasado miedo?»

«Bueno, para serte sincero, te diré que no me atrevía siquiera a descargar todo mi peso en el asiento».

Un discípulo llegó a lomos de su camello ante la tienda de su maestro sufi. Desmontó, entró en la tienda, hizo una profunda reverencia y dijo: «Tengo tan gran confianza en Dios que he dejado suelto a mi camello ahí fuera, porque estoy convencido de que Dios protege los intereses de los que le aman».

«¡Pues sal afuera y ata a tu camello, estúpido!», le dijo el maestro. «Dios no puede ocuparse de hacer en tu lugar lo que eres perfectamente capaz de hacer por ti mismo».

* * * *

GRACIA

Goldberg poseía el más hermoso jardín de la ciudad y, siempre que pasaba por allí, el rabino le decía a Goldberg: «Tienes un jardín que es una preciosidad. ¡El Señor y tú sois socios!»

«Gracias, rabino», respondía Goldberg, a la vez que hacía una reverencia.

Y así durante días, semanas y meses... Al menos dos veces al día, cuando se dirigía a la sinagoga o regresaba de ella, el rabino decía lo mismo: «¡El Señor y tú sois socios!». Hasta que a Goldberg empezó a fastidiarle lo que, evidentemente, pretendía ser un cumplido por parte del rabino.

De manera que la siguiente vez que el rabino dijo: «¡El Señor y tú sois socios!», Goldberg le replicó: «Tal vez tengas razón. ¡Pero tendrías que haber visto este jardín cuando era el Señor su único propietario!»

GRACIA

En su Narración de los Santos, cuenta Attar cómo el sufi Habib Ajami fue un día a bañarse al río y dejó sus ropas en la orilla. Entonces pasó por allí Hasan de Basra, vio las ropas y, pensando que se las había dejado allí olvidadas algún despistado, decidió quedarse a vigilarlas hasta que apareciera su dueño.

Cuando llegó Habib en busca de sus ropas, Hasan le dijo: «¿A quién dejaste al cuidado de tus ropas mientras ibas a bañarte al río? ¡Podrían habértelas robado!»

Y Habib le replicó: «Las dejé al cuidado de Aquel que te ha impuesto a ti el deber de quedarte a vigilarlas».

Un hombre se perdió en el desierto. Y más tarde, refiriendo su experiencia a sus amigos, les contó cómo, absolutamente desesperado, se había puesto de rodillas y había implorado la ayuda de Dios.

«¿Y respondió Dios a tu plegaria?», le preguntaron.

«¡Oh, no! Antes de que pudiera hacerlo, apareció un explorador y me indicó el camino».

GRACIA

Los futuros padres no pueden ocultar su nerviosismo en la
sala de espera del hospital. De pronto, aparece una
enfermera y se dirige a uno de ellos: «¡Felicidades, ha
tenido usted un niño!»

Entonces, otro deja caer al suelo la revista que estaba
leyendo, se pone en pie de un salto y exclama: «¿Qué dice
usted? ¡Yo llegué dos horas antes que él!»

Por desgracia, hay cosas que se resisten a la organización.

* * * *

El Presidente del Banco más importante del mundo se
encontraba en el hospital. Uno de los Vicepresidentes fue a
verle y le dijo: «Deseo expresarle el deseo de nuestra Junta
de Directores de que recobre usted la salud y viva otros
cien años. Esta es una resolución oficial aprobada por una
mayoría de 15 votos a favor, 6 en contra y 2
abstenciones».

¿Seremos capaces alguna vez de contener nuestros esfuerzos,
incendiar el fuego,
humedecer el agua
y añadirle color a la rosa?

GRACIA

Una familia de refugiados se sentía muy favorablemente impresionada por Norteamérica, especialmente una de las hijas, de seis años de edad, que no tardó en convencerse de que todo lo norteamericano era no sólo lo mejor, sino que incluso era perfecto.

Un día, una vecina le dijo que esperaba un niño, y la pequeña Mary, al llegar a casa, quiso saber por qué ella no podía tener también un niño. Su madre decidió iniciarla en aquel momento en los secretos de la vida y, entre otras cosas, le explicó que hay que esperar nueve meses para tener un niño.

«¡Nueve meses!», exclamó indignada Mary. «Pero, madre, ¿no estarás olvidando que estamos en Norteamérica?»

* * * *

«Mamá, quiero tener un hermanito».

«Pero si acabas de tener uno...»

«Pues quiero tener otro».

«Verás... no puedes tener otro hermanito tan pronto. Lleva tiempo hacer un hermanito...»

«¿Y por qué no haces lo que hace papá en la fábrica?»

«¿Y qué hace papá?»

«Emplear a más hombres».

GRACIA

Una mujer soñó que entraba en una tienda recién
inaugurada en la plaza del mercado y, para su sorpresa,
descubrió que Dios se encontraba tras el mostrador.

«¿Qué vendes aquí?», le preguntó.

«Todo lo que tu corazón desee», respondió Dios.

Sin atreverse casi a creer lo que estaba oyendo, la mujer
se decidió a pedir lo mejor que un ser humano podría
desear: «Deseo paz de espíritu, amor, felicidad, sabiduría y
ausencia de todo temor», dijo. Y luego, tras un instante de
vacilación, añadió: «No sólo para mí,
sino para todo el mundo».

Dios se sonrió y dijo: «Creo que no me has comprendido,
querida. Aquí no vendemos frutos. Unicamente vendemos
semillas».

139

GRACIA

Un hombre bastante piadoso, que estaba pasando apuros económicos, decidió orar de la siguiente manera: «Señor, acuérdate de los años que te he servido como mejor he podido y sin pedirte nada a cambio. Ahora que soy viejo y estoy arruinado, voy a pedirte, por primera vez en mi vida, un favor que estoy seguro que no me vas a negar: haz que me toque la lotería».

Pasaron días, semanas, meses... ¡y nada! Por fin, casi a punto de desesperarse, gritó una noche: «¿Por qué no me haces caso, Señor?»

Y entonces oyó la voz de Dios que le replicaba: «¡Hazme caso tú a mí! ¿Por qué no compras un billete de lotería?»

GRACIA

Un joven compositor acudió en cierta ocasión a Mozart para que le dijera cómo desarrollar su talento.

«Le aconsejaría a usted que empezara por cosas sencillas», le dijo Mozart. «Canciones, por ejemplo».

«¡Pero usted componía sinfonías cuando todavía era un niño...!», protestó el otro.

«Es muy cierto. Pero yo no tuve que acudir a nadie a que me dijera cómo desarrollar mi talento».

* * * *

Le preguntaron a un hombre de ochenta y tantos años cuál era el secreto de su longevidad.

«Bueno», respondió, «no bebo ni fumo, y nado dos kilómetros cada día».

«Pero yo tuve un tío que hacía exactamente lo mismo y murió a los sesenta años...»

«¡Ah!, lo malo de su tío es que no lo hizo el tiempo suficiente».

GRACIA

Un domingo por la mañana, después de misa, se fueron Dios y San Pedro a jugar al golf. Salió Dios en el primer hoyo con un poderoso golpe, pero la bola se desvió hacia el «rough», fuera de la calle.

Sin embargo, en el momento en que la bola iba a tocar el suelo, salió un conejo de detrás de un arbusto, atrapó la bola entre sus dientes y corrió con ella hacia la calle. De pronto, un águila se lanzó en picado, enganchó al conejo con sus garras y salió volando hacia el «green». Cuando se hallaba en la vertical del «green», un cazador disparó con su rifle y alcanzó al águila en pleno vuelo. El águila soltó al conejo, el cual, al caer en el «green», soltó la bola, que fue rodando y entró en el hoyo.

San Pedro, visiblemente molesto, se volvió hacia Dios y le dijo: «¡Ya está bien! ¿Has venido a jugar al golf o a perder el tiempo?»

¿Y qué me dices de ti? ¿Prefieres entender y jugar el juego de la vida o perder el tiempo con milagros?

* * * *

Algunas cosas es mejor dejarlas como están:

Un animoso joven que acababa de obtener su diploma de fontanero fue a ver las cataratas del Niágara. Y, tras examinar el lugar durante un minuto, dijo: «Creo que podré arreglarlo».

LOS SANTOS

LOS SANTOS

Unos han nacido santos,
otros alcanzan la santidad,
otros la reciben sin buscarla...

Se declaró el fuego en un pozo petrolífero, y la compañía solicitó la ayuda de los expertos para acabar con el incendio. Pero el calor era tan intenso que no podían acercarse a menos de trescientos metros. Entonces, la dirección llamó al Cuerpo de Bomberos voluntarios de la ciudad para que hicieran lo que buenamente pudieran. Media hora más tarde, el decrépito camión de los bomberos descendía por la carretera y se detenía bruscamente a unos veinte metros de las llamas. Los hombres saltaron del camión, se esparcieron en abanico y, a continuación, apagaron el fuego.

Unos días más tarde, en señal de agradecimiento, la dirección celebró una ceremonia en la que se elogió el valor de los bomberos, se exaltó su gran sentido del deber y se entregó al jefe del Cuerpo un sabroso cheque. Cuando los periodistas le preguntaron qué pensaba hacer con aquel cheque, el jefe respondió: «Bueno, lo primero que haré será llevar el camión a un taller para que le arreglen los frenos».

...y para otros, ¡ay!, la santidad no es más que un ritual.

* * * *

El caballero que cortejaba a Lady Pumphampton había ido a casa de ésta a tomar el té, de modo que ella le dio una generosa propina a su doncella y le dijo: «Toma esto y, cuando oigas que grito pidiendo ayuda, puedes irte y tomarte el día libre».

LOS SANTOS

Erase una vez un hombre tan piadoso que hasta los
ángeles se alegraban viéndolo. Pero, a pesar de su enorme
santidad, no tenía ni idea de que era un santo. El se
limitaba a cumplir sus humildes obligaciones, difundiendo
en torno suyo la bondad de la misma manera que las
flores difunden su fragancia, o las lámparas su luz.

Su santidad consistía en que no tenía en cuenta el pasado
de los demás, sino que tomaba a todo el mundo tal como
era en ese momento, fijándose, por encima de la
apariencia de cada persona, en lo más profundo de su ser,
donde todos eran inocentes y honrados y demasiado
ignorantes para saber lo que hacían. Por eso amaba y
perdonaba a todo el mundo, y no pensaba que hubiera en
ello nada de extraordinario, porque era la consecuencia
lógica de su manera de ver a la gente.

Un día le dijo un ángel: «Dios me ha enviado a ti. Pide lo
que desees, y te será concedido. ¿Deseas, tal vez, tener el
don de curar?» «No», respondió el hombre, «preferiría que
fuera el propio Dios quien lo hiciera».

«¿Quizá te gustaría devolver a los pecadores al camino
recto?» «No», respondió, «no es para mí eso de conmover
los corazones humanos. Eso es propio de los ángeles».
«¿Preferirías ser un modelo tal de virtud que suscitaras en
la gente el deseo de imitarte?» «No», dijo el santo, «porque
eso me convertiría en el centro de la atención».

LOS SANTOS

«Entonces, ¿qué es lo que deseas?», preguntó el ángel. «La gracia de Dios», respondió él. «Teniendo eso, no deseo tener nada más». «No», le dijo el ángel, «tienes que pedir algún milagro; de lo contrario, se te concederá cualquiera de ellos, no sé cuál...» «Está bien; si es así, pediré lo siguiente: deseo que se realice el bien a través de mí sin que yo me dé cuenta».

De modo que se decretó que la sombra de aquel santo varón, con tal de que quedara detrás de él, estuviera dotada de propiedades curativas. Y así, cayera donde cayera su sombra —y siempre que fuese a su espalda—, los enfermos quedaban curados, el suelo se hacía fértil, las fuentes nacían a la vida, y recobraban la alegría los rostros de los agobiados por el peso de la existencia.

Pero el santo no se enteraba de ello, porque la atención de la gente se centraba de tal modo en su sombra que se olvidaban de él; y de este modo se cumplió con creces su deseo de que se realizara el bien a través de él y se olvidaran de su persona.

147

LOS SANTOS

La santidad, como la grandeza, es espontánea.

Durante treinta y cinco años, Paul Cézanne vivió en el anonimato, produciendo obras maestras que regalaba o malvendía a sus vecinos, los cuales ni siquiera barruntaban el valor de aquellos cuadros. Tan grande era el amor que sentía por su trabajo que jamás pensó en obtener el reconocimiento de nadie ni sospechó que algún día sería considerado el padre de la pintura moderna.

Su fama se la debe a un marchante de París que tropezó casualmente con algunos de sus cuadros, reunió algunos de ellos y obsequió al mundo del arte con la primera exposición de Cézanne. Y el mundo se asombró al descubrir la presencia de un maestro.

Pero el asombro del maestro no fue menor. Llegó a la galería de arte apoyándose en el brazo de su hijo, y no pudo reprimir su sorpresa al ver expuestas sus pinturas. Y volviéndose a su hijo, le dijo: «¡Mira, las han enmarcado!»

LOS SANTOS

Subhuti, discípulo de Buda, descubrió de pronto la riqueza y fecundidad del vaciamiento de sí, cuando cayó en la cuenta de que ninguna cosa es permanente ni satisfactoria y de que todas las cosas están vacías de «yo». Y con este talante de divino vaciamiento se sentó, arrobado, a la sombra de un árbol, y de repente empezaron a llover flores alrededor de él.

Y los dioses le susurraron: «Estamos embelesados con tus sublimes enseñanzas sobre el vaciamiento».

«¡Pero si yo no he dicho una sola palabra acerca del vaciamiento...!»

«Es cierto», le replicaron los dioses, «ni tú has hablado del vaciamiento ni nosotros te hemos oído hablar de él. Ese es el verdadero vaciamiento». Y la lluvia de flores siguió cayendo.

Si yo hubiera hablado de mi vaciamiento o hubiera tenido conciencia del mismo, ¿habría sido vaciamiento?

La música necesita la oquedad de la flauta; las cartas, la blancura del papel; la luz, el hueco de la ventana; la santidad, la ausencia de «yo».

149

LOS SANTOS

Un anciano rabino se hallaba enfermo en la cama y, junto a él, estaban sus discípulos conversando en voz baja y ensalzando las incomparables virtudes del maestro.

«Desde Salomón, no ha habido nadie más sabio que él», dijo uno de ellos. «¿Y qué me decís de su fe? ¡Es comparable a la de nuestro padre Abraham!», dijo otro. «Pues estoy seguro de que su paciencia no tiene nada que envidiar a la de Job», dijo un tercero. «Que nosotros podamos saber, sólo Moisés podía conversar tan íntimamente con Dios», añadió un cuarto.

El rabino parecía estar desasosegado. Cuando los discípulos se hubieron ido, su mujer le dijo: «¿Has oído los elogios que han hecho de ti?»

«Los he oído», respondió el rabino.

«Entonces, ¿por qué estás tan inquieto?»

«Mi modestia», se quejó el rabino. «Nadie ha mencionado mi modestia».

Fue verdaderamente un santo el que dijo:
«No soy más que cuatro paredes desnudas y huecas».
Nadie podría estar más lleno.

150

LOS SANTOS

Todo el mundo en la ciudad veneraba al anciano sacerdote de noventa y dos años. Su fama de santidad era tan grande que, cuando salía a la calle, la gente le hacía profundas reverencias. Además, era miembro del Club de los Rotarios y, siempre que se reunía el Club, allí estaba él, siempre puntual y siempre sentado en su lugar favorito: un rincón de la sala.

Un día desapareció el sacerdote. Era como si se hubiera desvanecido en el aire, porque, por mucho que lo buscaron, los habitantes de la ciudad no consiguieron hallar rastro de él. Pero al mes siguiente, cuando se reunió el Club de los Rotarios, allí estaba él como de costumbre, sentado en su rincón.

«¡Padre!», gritaron todos, «¿dónde ha estado usted?» «En la cárcel», respondió tranquilamente el sacerdote. «¿En la cárcel? ¡Por todos los santos! ¡Si es usted incapaz de matar una mosca...! ¿Qué es lo que ha sucedido?» «Es una larga historia», dijo el sacerdote; «pero, en pocas palabras, lo que sucedió fue que saqué un billete de tren para ir a la ciudad y, mientras esperaba en el andén la llegada del tren, apareció una muchacha guapísima acompañada de un policía. Se volvió hacia mí, luego hacia el policía, y le dijo: "¡El ha sido!" Y, para serles sinceros, me sentí tan halagado que me declaré culpable».

151

LOS SANTOS

Cuatro monjes decidieron caminar juntos en silencio durante un mes. El primer día, todo fue estupendamente; pero, pasado el primer día, uno de los monjes dijo: «Estoy dudando si he cerrado la puerta de mi celda antes de salir del monasterio».

Y dijo otro de ellos: «¡Estúpido! ¡Habíamos decidido guardar silencio durante un mes, y vienes tú a romperlo con esa tontería!»

Entonces dijo el tercero: «¿Y tú, qué? ¡También tú acabas de romperlo!»

Y el cuarto monje dijo: «¡A Dios gracias, yo soy el único que aún no ha hablado!»

LOS SANTOS

Entró un hombre en la consulta del médico y le dijo: «Doctor, tengo un terrible dolor de cabeza del que no consigo librarme. ¿Podría usted darme algo para curarlo?»

«Lo haré», respondió el médico. «Pero antes deseo comprobar una serie de cosas. Dígame, ¿bebe usted mucho alcohol?»

«¿Alcohol?», replicó indignado el otro. «¡Jamás pruebo semejante porquería!»

«¿Y qué me dice del tabaco?»

«Pienso que el fumar es repugnante. Jamás en mi vida he tocado el tabaco».

«Me resulta un tanto violento preguntarle esto, pero..., en fin, ya sabe usted cómo son algunos hombres... ¿Sale usted por las noches a echar una cana al aire?»

«¡Naturalmente que no! ¿Por quién me toma? ¡Todas las noches estoy en la cama a las diez en punto, como muy tarde!»

«Y dígame», preguntó el doctor, «ese dolor de cabeza del que usted me habla, ¿es un dolor agudo y punzante?»

«¡Sí!», respondió el hombre. «¡Eso es exactamente: un dolor agudo y punzante!»

«Es muy sencillo, mi querido amigo. Lo que le pasa a usted es que lleva el halo demasiado apretado. Lo único que hay que hacer es aflojarlo un poco».

Lo malo de los ideales es que,
si vives con arreglo a todos ellos,
resulta imposible vivir contigo.

Un prestigioso político británico no dejaba de pedir a Disraeli una baronía. El Primer Ministro no podía encontrar el modo de complacer al inoportuno político, pero se las ingenió para negarle lo que solicitaba sin herir sus sentimientos. «Siento mucho», le dijo, «no poder darle la baronía; pero puedo darle algo bastante mejor: puede usted decir a sus amigos que le he ofrecido una baronía y que usted la ha rehusado».

LOS SANTOS

Un obispo se arrodilló un día delante del altar y, en un arranque de fervor religioso, empezó a golpearse el pecho y a exclamar: «¡Ten piedad de mí, que soy un pecador! ¡Ten piedad de mí, que soy un pecador!...»

El párroco de la iglesia, movido por aquel ejemplo de humildad, se hincó de rodillas junto al obispo y comenzó igualmente a golpearse el pecho y a exclamar: «¡Ten piedad de mí, que soy un pecador! ¡Ten piedad de mí, que soy un pecador!...»

El sacristán, que casualmente se encontraba en aquel momento en la iglesia, se sintió tan impresionado que, sin poder contenerse, cayó también de rodillas y empezó a golpearse el pecho y a exclamar: «¡Ten piedad de mí, que soy un pecador!...»

Al verlo, el obispo le dio un codazo al párroco y, señalando con un gesto hacia el sacristán, sonrió sarcásticamente y dijo: «¡Mire quién se cree un pecador...!»

155

LOS SANTOS

Erase una vez un asceta que, además de practicar un riguroso celibato, se había propuesto como misión en la vida combatir el sexo a toda costa, tanto en él como en los demás.

Cuando le llegó la hora, falleció, y su discípulo, que no pudo soportar la impresión, murió poco después. Cuando el discípulo llegó a la otra vida, no podía dar crédito a sus ojos: ¡allí estaba su querido maestro con una mujer extraordinariamente hermosa sentada en sus rodillas!

Pero se le pasó el susto cuando se le ocurrió pensar que su maestro estaba siendo recompensado por la abstinencia sexual que había observado en la tierra. Entonces se acercó a él y le dijo: «Querido maestro, ahora sé que Dios es justo, porque tú estás recibiendo en el cielo la recompensa por tus austeridades en la tierra».

El maestro, que parecía bastante molesto, le dijo: «¡Idiota, ni esto es el cielo ni yo estoy siendo recompensado, sino que ella está siendo castigada!

Cuando el zapato encaja, te olvidas del pie;
cuando el cinturón no aprieta, te olvidas de la cintura;
cuando todo armoniza, te olvidas del «ego».
Entonces, ¿de qué te sirven tus austeridades?

LOS SANTOS

Era frecuente ver al párroco charlando animadamente con una hermosa mujer de mala reputación, y además en público, para escándalo de sus feligreses.

De manera que le llamó el obispo para echarle un rapapolvo. Y una vez que el obispo le hubo reprendido, el sacerdote le dijo: «Mire usted, monseñor, yo siempre he pensado que es mejor charlar con una mujer guapa y con el pensamiento puesto en Dios que orar a Dios y con el pensamiento puesto en una mujer guapa».

Cuando el monje va a la taberna,
la taberna se convierte en su celda;
cuando el borracho va a la celda,
la celda se convierte en su taberna.

LOS SANTOS

El pueblo se vio sacudido por un terremoto, y al Maestro le complació comprobar la impresión que produjo en sus discípulos la falta de miedo que él había demostrado.

Cuando, unos días más tarde, le preguntaron qué significaba vencer el miedo, él les hizo recordar su propio ejemplo: «¿No visteis cómo, cuando todos corrían aterrorizados de un lado para otro, yo seguí tranquilamente sentado bebiendo agua? ¿Y acaso alguno de vosotros vio que mi mano temblara mientras sostenía el vaso?»

«No», dijo un discípulo. «Pero no era agua lo que bebíais, señor, sino salsa de soja».

* * * *

LOS SANTOS

Nistero el Grande, uno de los santos Padres egipcios del Desierto, iba un día paseando en compañía de un gran número de discípulos, que le veneraban como a un hombre de Dios.

De pronto, apareció ante ellos un dragón, y todos salieron corriendo.

Muchos años más tarde, cuando Nistero yacía agonizante, uno de los discípulos le dijo: «Padre, ¿también vos os asustasteis el día que vimos el dragón?»

«No», respondió Nistero.

«Entonces, ¿por qué salisteis corriendo como todos?»

«Pensé que era mejor huir del dragón para no tener que huir, más tarde, del espíritu de vanidad».

LOS SANTOS

Cuando el desierto egipcio era la morada de aquellos santos varones conocidos como los «Padres del Desierto», una mujer que padecía un cáncer de mama acudió a buscar a uno de ellos, un tal Abad Longinos, que tenía fama de santo y de taumaturgo.

Y estando la mujer paseando junto al mar, se encontró con Longinos en persona, que estaba recogiendo leña. Y ella, que no le conocía, le dijo: «Santo padre, ¿podría usted decirme dónde vive el siervo de Dios Longinos?»

Y Longinos le replicó: «¿Para qué buscas a ese viejo farsante? No vayas a verlo, porque lo único que te hará será daño. ¿Qué es lo que te ocurre?»

Ella le contó lo que le sucedía y, acto seguido, él le dio su bendición y la despidió diciendo: «Ahora vete, y ten la seguridad de que Dios te devolverá la salud. Longinos no te habría sido de ninguna utilidad».

La mujer se marchó, confiando en que había quedado curada —como así sucedió, antes de que transcurriera un mes—, y murió muchos años más tarde, completamente ignorante de que había sido Longinos quien la había curado.

* * * *

LOS SANTOS

Se acercó alguien a un discípulo del místico musulmán
Bahaudin Naqshband y le dijo: «¿Por qué oculta sus
milagros tu Maestro? Personalmente, yo he recogido datos
que demuestran, sin lugar a dudas, que él ha estado
presente en más de un lugar al mismo tiempo; que ha
curado enfermos con el poder de sus oraciones, aunque él
les diga que ha sido obra de la naturaleza; y que ha
socorrido a muchas personas en apuros, aunque luego lo
atribuya a la buena suerte de dichas personas.
¿Por qué lo hace?»

«Sé perfectamente de lo que me hablas», respondió el
discípulo, «porque yo mismo lo he observado. Y creo que
puedo responder a tu pregunta. En primer lugar, al
Maestro no le gusta ser objeto de atención. Y, en segundo
lugar, está convencido de que, una vez que la gente
manifiesta interés por lo milagroso, ya no desea aprender
nada de verdadero valor espiritual».

LOS SANTOS

Laila y Rama se amaban tiernamente, pero eran
demasiado pobres para poder casarse. Por si fuera poco,
vivían en aldeas diferentes, separadas entre sí por un río
infestado de cocodrilos.

Un día, Laila se enteró de que Rama estaba gravemente
enfermo y no tenía quien le cuidara, de modo que acudió
presurosa a la orilla del río y suplicó al barquero que la
llevara al otro lado, advirtiéndole, eso sí, que no tenía
dinero para pagarle.

Pero el malvado barquero le dijo que no, a menos que ella
accediera a pasar la noche con él. La pobre mujer le rogó
y le suplicó, pero en vano; hasta que, absolutamente
desesperada, acabó aceptando las condiciones del
barquero.

Cuando, por fin, se encontró con Rama, éste estaba ya
agonizando. Pero ella se quedó cuidándole durante un
mes, hasta que recobró la salud. Un día, Rama le preguntó
cómo se las había arreglado para cruzar el río. Y ella,
incapaz de mentir a su amado, le contó la verdad.

Cuando Rama lo oyó, montó en cólera, porque valoraba
más la virtud que la propia vida. A continuación, la echó
de su casa y nunca más quiso volver a verla.

162

LOS SANTOS

Gessen era un monje budista dotado de un excepcional talento artístico. Sin embargo, antes de comenzar a pintar un cuadro, fijaba siempre el precio por adelantado. Y sus honorarios eran tan exorbitantes que se le conocía con el sobrenombre de «el monje avaro».

En cierta ocasión, una geisha envió a buscarle para que le hiciera un cuadro. Gessen le dijo: «¿Cuánto vas a pagarme?» Como la muchacha tenía por entonces un cliente muy rico, le respondió: «Lo que me pidas. Pero tienes que hacer el cuadro ahora mismo, delante de mí».

Gessen se puso a trabajar de inmediato y, cuando el cuadro estuvo acabado, pidió por él la suma más elevada que jamás había pedido. Cuando la geisha estaba dándole su dinero, le dijo a su cliente: «Se dice que este hombre es un monje, pero sólo piensa en el dinero. Su talento es extraordinario, pero tiene un espíritu asquerosamente codicioso. ¿Cómo puede una exhibir un cuadro de un puerco como éste? ¡Su trabajo no vale más que mi ropa interior!»

Y, dicho esto, le arrojó unas enaguas y le dijo que pintara en ellas un cuadro. Gessen, como de costumbre, preguntó: «¿Cuánto vas a pagarme?» «¡Ah!», respondió la muchacha, «lo que me pidas». Gessen fijó el precio, pintó el cuadro, se guardó sin reparos el dinero en el bolsillo y se fue.

Muchos años más tarde, por pura casualidad, alguien averiguó la razón de la codicia de Gessen.

LOS SANTOS

Resulta que la provincia donde él vivía solía verse devastada por el hambre y, como los ricos no hacían nada por ayudar a los pobres, Gessen había construido en secreto unos graneros y los tenía llenos de grano para tales emergencias. Nadie sabía de dónde procedía el grano ni quién era el benefactor de la provincia.

Además, la carretera que unía la aldea de Gessen con la ciudad, a muchos kilómetros de distancia, estaba en tan malas condiciones que ni siquiera las carretas de bueyes podían pasar, lo cual era un enorme perjuicio para las personas mayores y para los enfermos cuando tenían que ir a la ciudad. De modo que Gessen había reparado la carretera.

Y había una tercera razón: el maestro de Gessen siempre había deseado construir un templo para la meditación, pero nunca había podido hacerlo. Fue Gessen quien construyó dicho templo, en señal de agradecimiento a su venerado maestro.

Una vez que «el monje avaro» hubo construido los graneros, la carretera y el templo, se deshizo de sus pinturas y pinceles, se retiró a las montañas para dedicarse a la vida contemplativa y jamás volvió a pintar un cuadro.

Por lo general, la conducta de una persona muestra lo que el observador se imagina que muestra.

LOS SANTOS

Dos peones camineros irlandeses se encontraban trabajando en una calle en la que había una casa de prostitución.

Entonces apareció el pastor protestante, el cual se caló el sombrero y entró en la casa. Pat le dijo a Mike: «¿Has visto eso? ¿Qué se puede esperar de un protestante?»

Poco después llegó un rabino, el cual se alzó el cuello de la chaqueta y entró también en la casa. Y dijo Pat: «¡Menudo dirigente religioso! ¡Bonito ejemplo da a su gente!»

Por último, hizo su aparición un sacerdote católico, el cual se cubrió el rostro con el manteo y se deslizó en el interior de la casa. Entonces dijo Pat: «¿No es terrible, Mike, pensar que una de las chicas debe de haber enfermado?»

LOS SANTOS

Un hombre estaba pasando unos días en las montañas, dedicado a la pesca. Un buen día, su guía se puso a contarle anécdotas acerca del obispo, a quien había servido de guía el verano anterior.

«Sí», estaba diciendo el guía, «es una buena persona. Si no fuera por la lengua que tiene...»

«¿Quiere usted decir que el obispo dice palabrotas?», preguntó el pescador.

«Por supuesto, señor», respondió el guía. «Recuerdo que una vez tenía agarrado un precioso salmón, y estaba a punto de sacarlo cuando el bicho se libró del anzuelo. Entonces le dije yo al obispo: "¡Qué jodida mala suerte!, ¿no cree?" Y el obispo me miró fijamente a los ojos y me dijo: "La verdad es que sí". Pero aquella fue la única vez que le oí al obispo emplear semejante lenguaje».

LOS SANTOS

Durante la era Meigi vivían en Tokyo dos célebres maestros que eran entre sí lo más diferente que pueda imaginarse. Uno de ellos era un maestro Shingon que se llamaba Unsho y observaba meticulosamente todos y cada uno de los preceptos de Buda. Se levantaba mucho antes de que amaneciera y se retiraba cuando aún no era de noche; no probaba bocado después de que el sol hubiera alcanzado su cénit ni bebía una gota de alcohol. El otro, llamado Tanzan, era profesor de filosofía en la Universidad Imperial Todai y no observaba uno solo de los preceptos, pues comía cuando le apetecía hacerlo y dormía incluso durante el día.

En cierta ocasión, Unsho fue a visitar a Tanzan y lo encontró borracho, lo cual constituía un verdadero escándalo, porque se supone que un budista no debe probar ni gota de alcohol.

«¡Hola, amigo!», exclamó Tanzan. «¡Entra y toma una copa conmigo!»

Unsho estaba escandalizado, pero consiguió controlarse y decir tranquilamente: «Yo no bebo nunca».

«El que no bebe», dijo Tanzan, «no es humano».

167

LOS SANTOS

Entonces, Unsho perdió la paciencia: «¿Quieres decir que yo soy inhumano porque no pruebo lo que Buda prohibió explícitamente probar? Y si no soy humano, ¿qué soy?»

«Un Buda», dijo alegremente Tanzan.

* * * *

La muerte de Tanzan fue tan normal como había sido su vida. El último día de su existencia escribió sesenta tarjetas postales, y en todas ellas decía lo mismo:

«Parto de este mundo. Esta es mi última declaración. Tanzan. 27 de julio de 1892».

Pidió a un amigo que le echara aquellas tarjetas al correo y se murió tranquilamente.

Dice el sufi Junaid de Bagdad: «Es mejor el sensualista afable que el santo malhumorado».

LOS SANTOS

Se encontraba una familia de cinco personas pasando el día en la playa. Los niños estaban haciendo castillos de arena junto al agua cuando, a lo lejos, apareció una anciana, con sus canosos cabellos al viento y sus vestidos sucios y harapientos, que decía algo entre dientes mientras recogía cosas del suelo y las introducía en una bolsa.

Los padres llamaron junto a sí a los niños y les dijeron que no se acercaran a la anciana. Cuando ésta pasó junto a ellos, inclinándose una y otra vez para recoger cosas del suelo, dirigió una sonrisa a la familia. Pero no le devolvieron el saludo.

Muchas semanas más tarde supieron que la anciana llevaba toda su vida limpiando la playa de cristales para que los niños no se hirieran los pies.

LOS SANTOS

Los ascetas errantes son algo muy habitual en la India.
Pues bien, una madre había prohibido a su hijo que se
acercara a ellos, porque, aun cuando algunos tenían fama
de santos, se sabía que otros no eran más que unos
farsantes disfrazados.

Un día, la madre miró por la ventana y vio a un asceta
rodeado por los niños de la aldea. Para su sorpresa, aquel
hombre, sin tener en cuenta para nada su dignidad, estaba
haciendo piruetas para entretener a los niños. Aquello le
impresionó tanto a la madre que llamó a su hijito y le dijo:
«Mira, hijo, ése es un hombre santo. Puedes salir y
acercarte a él».

LOS SANTOS

Erase una vez un sacerdote tan santo que jamás pensaba mal de nadie.

Un día, estaba sentado en un restaurante tomando una taza de café –que era todo lo que podía tomar, por ser día de ayuno y abstinencia– cuando, para su sorpresa, vio a un joven miembro de su congregación devorando un enorme filete en la mesa de al lado.

«Espero no haberle escandalizado, Padre», dijo el joven con una sonrisa.

«De ningún modo. Supongo que has olvidado que hoy es día de ayuno y abstinencia», replicó el sacerdote.

«No, Padre. Lo he recordado perfectamente».

«Entonces, seguramente estás enfermo y el médico te ha prohibido ayunar...»

«En absoluto. No puedo estar más sano».

Entonces, el sacerdote alzó sus ojos al cielo y dijo: «¡Qué extraordinario ejemplo nos da esta joven generación, Señor! ¿Has visto cómo este joven prefiere reconocer sus pecados antes que decir una mentira?»

LOS SANTOS

Se decía del gran Maestro de Zen, Rinzai, que lo último que hacía cada noche, antes de irse a la cama, era soltar una enorme carcajada que resonaba por todos los pasillos y podía oírse en todos los pabellones del monasterio.

Y lo primero que hacía al levantarse por las mañanas era ponerse a reír de tal manera que despertaba a todos los monjes, por muy profundamente que durmieran.

Sus discípulos solían preguntarle por qué reía de aquel modo, pero él no lo dijo nunca. Y, cuando murió, se llevó consigo a la tumba el secreto de sus carcajadas.

* * * *

LOS SANTOS

El Maestro estaba de un talante comunicativo, y por eso sus discípulos trataron de que les hiciera saber las fases por las que había pasado en su búsqueda de la divinidad.

«Primero», les dijo, «Dios me condujo de la mano al País de la Acción, donde permanecí una serie de años. Luego volvió y me condujo al País de la Aflicción, y allí viví hasta que mi corazón quedó purificado de toda afección desordenada. Entonces fue cuando me vi en el País del Amor, cuyas ardientes llamas consumieron cuanto quedaba en mí de egoísmo. Tras de lo cual, accedí al País del Silencio, donde se desvelaron ante mis asombrados ojos los misterios de la vida y de la muerte».

«¿Y fue ésta la fase final de tu búsqueda?», le preguntaron.

«No», respondió el Maestro. «Un día dijo Dios: "Hoy voy a llevarte al santuario más escondido del Templo, al corazón del propio Dios". Y fui conducido al País de la Risa».

LOS SANTOS

«Encausado», dijo el Gran Inquisidor, «se os acusa de incitar a la gente a quebrantar las leyes, tradiciones y costumbres de nuestra santa religión. ¿Cómo os declaráis?»

«Culpable, Señoría».

«Se os acusa también de frecuentar la compañía de herejes, prostitutas, pecadores públicos, recaudadores de impuestos y ocupantes extranjeros de nuestra nación; en suma: todos los excomulgados. ¿Cómo os declaráis?»

«Culpable, Señoría».

«Por último, se os acusa de revisar, corregir y poner en duda los sagrados dogmas de nuestra fe. ¿Cómo os declaráis?»

«Culpable, Señoría».

«¿Cuál es vuestro nombre, encausado?»

«Jesucristo, Señoría».

Hay personas a las que el ver practicada su religión les inquieta tanto como el enterarse de que alguien la pone en duda.

EL YO

EL YO

Un anciano caballero poseía una tienda de antigüedades y curiosidades en una gran ciudad. En cierta ocasión, entró un turista y se puso a hablar con él acerca de la infinidad de cosas que había en aquella tienda.

Al final preguntó el turista: «¿Cuál diría usted que es la cosa más rara y misteriosa que hay en esta tienda?»

El anciano echó una ojeada a los centenares de objetos (animales disecados, cráneos reducidos, peces y pájaros enmarcados, hallazgos arqueológicos, cornamentas de ciervos...), se volvió al turista y le dijo: «Sin duda alguna, lo más raro que hay en esta tienda soy yo».

Un maestro estaba explicando en clase los inventos modernos.

«¿Quién de vosotros puede mencionar algo importante que no existiera hace cincuenta años?», preguntó.

Un avispado rapaz que se hallaba en la primera fila levantó rápidamente la mano y dijo: «¡Yo!»

EL YO

Hay una reveladora historia acerca de un monje que vivía en el desierto egipcio y al que las tentaciones atormentaron de tal modo que ya no pudo soportarlo. De manera que decidió abandonar el cenobio y marcharse a otra parte.

Cuando estaba calzándose las sandalias para llevar a efecto su decisión, vio, cerca de donde él estaba, a otro monje que también estaba poniéndose las sandalias.

«¿Quién eres tú?», preguntó al desconocido.

«Soy tu yo», fue la respuesta. «Si es por mi causa por lo que vas a abandonar este lugar, debo hacerte saber que, vayas adonde vayas, yo iré contigo».

Un paciente, desesperado, le dijo al psiquiatra: «Vaya adonde vaya, tengo que ir conmigo mismo... ¡y eso lo fastidia todo!»

Tanto aquello de lo que huyes como aquello por lo que suspiras está dentro de ti.

EL YO

Un joven que buscaba un Maestro capaz de encauzarle por el camino de la santidad llegó a un «ashram» presidido por un guru que, a pesar de gozar de una gran fama de santidad, era un farsante. Pero el otro no lo sabía.

«Antes de aceptarte como discípulo», le dijo el guru, «debo probar tu obediencia. Por este "ashram" fluye un río plagado de cocodrilos. Deseo que lo cruces a nado».

La fe del joven discípulo era tan grande que hizo exactamente lo que se le pedía: se dirigió al río y se introdujo en él gritando: «¡Alabado sea el poder de mi guru!» Y, ante el asombro de éste, el joven cruzó a nado hasta la otra orilla y regresó del mismo modo, sin sufrir el más mínimo daño.

Aquello convenció al guru de que era aún más santo de lo que había imaginado, de modo que decidió hacer a todos sus discípulos una demostración de su poder que acrecentara su fama de santidad. Se metió en el río gritando: «¡Alabado sea yo! ¡Alabado sea yo!», y al instante llegaron los cocodrilos y lo devoraron.

EL YO

El diablo, transformado en ángel de luz, se apareció a uno de los santos Padres del Desierto y le dijo: «Soy el ángel Gabriel y me ha enviado a ti el Todopoderoso».

El monje replicó: «Piénsalo bien. Seguramente has sido enviado a otro. Yo no he hecho nada que merezca la visita de un ángel».

Con lo cual, el diablo se esfumó y jamás volvió a atreverse a acercarse al monje.

Frecuentando un campo de golf japonés, un turista americano descubrió que, por lo general, los mejores «caddies» eran mujeres.

Un día llegó bastante tarde y tuvo que tomar como «caddie» a un jovencísimo muchacho de diez años que apenas conocía el campo, tenía muy poca idea de golf y no sabía más que tres palabras en inglés.

Pero aquellas tres palabras hicieron que el turista no quisiera ya otro «caddie» durante el resto de sus vacaciones. Después de cada golpe, independientemente de su resultado, el pequeño rapaz golpeaba el suelo con el pie y gritaba entusiasmado: «¡Qué fantástico golpe!»

EL YO

Una mujer estaba profundamente ofendida por la conducta de su hijo de quince años, el cual, siempre que salían juntos, caminaba unos pasos por delante de ella. ¿Qué era lo que le avergonzaba de ella? Un día se lo preguntó.

«¡Oh, mami, nada de eso!», respondió él bastante turbado. «Lo que ocurre es que pareces tan joven que me fastidiaría que mis amigos pudieran pensar que tengo una nueva novia».

La ofensa se desvaneció como por ensalmo.

Abrió la puerta y se encontró con un hombre de bastante edad que llevaba un trozo de tarta en sus manos. «Mi mujer cumple hoy ochenta y seis años», dijo, «y quiere que pruebes un trozo de su tarta de cumpleaños». Recibió el obsequio y le mostró su agradecimiento, sobre todo porque el hombre había caminado casi un kilómetro para entregarlo.

Una hora más tarde, se presentó de nuevo. «¿Qué ocurre ahora?», le preguntó.

«Bueno», respondió con timidez, «me envía Agatha a decirte que sólo cumple ochenta y cinco».

EL YO

Un gallo estaba escarbando el suelo en el establo de un enorme caballo percherón.

Cuando el caballo empezó a impacientarse y a moverse nervioso, el gallo miró hacia arriba y le dijo: «Haríamos bien los dos en tener cuidado, hermano, no vaya a ser que uno de los dos le pegue un pisotón al otro».

* * * *

¿Qué le dijo la hormiga al elefante cuando Noé ponía en fila a todos los animales para meterlos en el arca?

«¡Deja de empujar!»

EL YO

Una pulga decidió trasladarse con su familia a la oreja de un elefante. De modo que le dijo a éste: «Señor Elefante, mi familia y yo pensamos mudarnos a vivir a su oreja, y he pensado que debía decírselo a usted y darle una semana para que lo piense y me haga saber si tiene alguna objeción que poner».

El elefante, que ni siquiera era consciente de la existencia de la pulga, no se dio por enterado; y la pulga, después de observar escrupulosamente el plazo establecido de una semana, dio por supuesto el consentimiento del elefante y se trasladó.

Un mes más tarde, la señora pulga decidió que la oreja del elefante no era un lugar saludable para vivir e hizo ver a su marido la conveniencia de una nueva mudanza. El señor pulga le pidió a su mujer que aguantara al menos otro mes para no herir los sentimientos del elefante.

Finalmente, se lo dijo con toda la diplomacia de que fue capaz: «Señor Elefante, hemos pensado cambiar de vivienda. Naturalmente, no tenemos ninguna queja de usted, porque su oreja es espaciosa y confortable. Lo único que ocurre es que mi esposa preferiría estar al lado de sus amigas, que viven en la pata del búfalo. Si tiene usted alguna objeción que hacer a nuestro traslado, hágamelo saber a lo largo de esta semana.».

El elefante no dijo ni palabra, y la pulga cambió de residencia con la conciencia tranquila.

Si el universo no es consciente de tu existencia, ¡tranquilo!

EL YO

El coro estaba haciendo su último ensayo en medio de un
estruendo de todos los demonios, porque los tramoyistas y
los técnicos estaban dando los últimos toques para poner a
punto el escenario.

Pero, cuando un tipo se puso a dar unos martillazos que
producían un estrépito verdaderamente insoportable, el
director del coro interrumpió el canto y se le quedó
mirando suplicante.

«No se interrumpa por mí, señor director», dijo
alegremente el del martillo, «no me molestan».

* * * *

Una mujer salió de la ducha –completamente desnuda,
como es lógico– y, cuando iba a coger la toalla, vio,
horrorizada, que había un hombre en un andamio
limpiando la ventana y mirándola complacido.

Le produjo tal sorpresa la inesperada aparición que se
quedó totalmente paralizada, mirando asombrada a aquel
sujeto.

«¿Qué pasa, señora?», preguntó alegremente el individuo,
«¿no ha visto nunca a un limpiaventanas?»·

EL YO

Erase una vez un científico que descubrió el arte de reproducirse a sí mismo tan perfectamente que resultaba imposible distinguir el original de la reproducción. Un día se enteró de que andaba buscándole el Angel de la Muerte, y entonces hizo doce copias de sí mismo. El ángel no sabía cómo averiguar cuál de los trece ejemplares que tenía ante sí era el científico, de modo que los dejó a todos en paz y regresó al cielo.

Pero no por mucho tiempo, porque, como era un experto en la naturaleza humana, se le ocurrió una ingeniosa estratagema. Regresó de nuevo y dijo: «Debe de ser usted un genio, señor, para haber logrado tan perfectas reproducciones de sí mismo. Sin embargo, he descubierto que su obra tiene un defecto, un único y minúsculo defecto».

El científico pegó un salto y gritó: «¡Imposible! ¿Dónde está el defecto?»

«Justamente aquí», respondió el ángel mientras tomaba al científico de entre sus reproducciones y se lo llevaba consigo.

* * * *

EL YO

Había un viejo juez árabe que era famoso por su sagacidad. Un día, acudió a él un tendero quejándose de que le habían robado en la tienda, pero que no había forma de atrapar al ladrón.

El juez ordenó que sacaran de sus goznes la puerta de la tienda, la llevaran a la plaza del mercado y le administraran cincuenta latigazos por no haber cumplido con su obligación de impedir la entrada al ladrón.

Se reunió una gran multitud en la plaza para asistir a la ejecución de tan extraña sentencia. Una vez administrados los cincuenta latigazos, el juez se inclinó hacia la puerta y le preguntó quién era el ladrón. Luego aplicó su oído a la puerta para escuchar lo que ésta tuviera que decir.

Cuando volvió a incorporarse, anunció: «La puerta declara que el robo ha sido cometido por un hombre que tenía una telaraña en lo alto de su turbante». Al instante, un individuo que se hallaba entre la multitud se llevó una mano al turbante. Registraron su casa y se recuperó lo que había sido robado.

Todo lo que hace falta
para descubrir al «ego»
es una palabra de adulación
o de crítica.

EL YO

Una anciana falleció y fue llevada por los ángeles ante el Tribunal. Pero, al examinar su historial, el Juez descubrió que aquella mujer no había realizado un solo acto de caridad, a excepción de cierta ocasión en que había dado una zanahoria a un mendigo famélico.

Sin embargo, es tan grande el valor de un simple acto de amor que se decretó que la mujer fuera llevada al cielo por el poder de aquella zanahoria. Se llevó la zanahoria al tribunal y le fue entregada a la mujer. En el momento en que ella tomó en su mano la zanahoria, ésta empezó a subir como si una cuerda invisible tirara de ella, llevándose consigo a la mujer hacia el cielo.

Entonces apareció un mendigo, el cual se agarró a la orla del vestido de la mujer y fue elevado junto con ella; una tercera persona se agarró al pie del mendigo y también se vio transportado. Pronto se formó una larga hilera de personas que eran llevadas al cielo por aquella zanahoria. Y, por extraño que pueda parecer, la mujer no sentía el peso de todas aquellas personas que ascendían con ella; y además, como ella no dejaba de mirar al cielo, ni siquiera las veía.

Siguieron subiendo y subiendo, hasta llegar prácticamente a las puertas del cielo. Entonces la mujer miró hacia abajo, para echar una última ojeada a la tierra, y vio toda aquella hilera de personas detrás de ella.

EL YO

Aquello la indignó y, haciendo un imperioso ademán con su mano, gritó: «¡Fuera! ¡Fuera todos de ahí! ¡Esta zanahoria es mía!»

Pero, al hacer aquel imperioso gesto, soltó la zanahoria por un momento... y se precipitó con todos hacia abajo.

Hay un solo motivo de todos los males de la tierra: «¡Esto me pertenece!»

EL YO

Un tallista en madera llamado Ching acababa de terminar
un yugo de campana, y todo el que lo veía se maravillaba,
porque parecía obra de espíritus. Cuando el duque de Lu
lo vio, le preguntó: «¿Qué clase de genio es el tuyo que
eres capaz de hacer algo así?»

Y el tallista respondió: «Señor, no soy más que un simple
trabajador. No soy ningún genio. Pero le diré una cosa:
cuando voy a hacer un yugo de campana, paso antes tres
días meditando para tranquilizar mi mente. Cuando he
estado meditando durante tres días, ya no pienso en
recompensas ni emolumentos. Cuando he meditado
durante cinco días, ya no me preocupan los elogios ni las
críticas, la destreza ni la torpeza. Cuando he meditado
durante siete días, de pronto me olvido de mis miembros,
de mi cuerpo y hasta de mi propio yo, y pierdo la
conciencia de cuanto me rodea. No queda más que mi
pericia. Entonces voy al bosque y examino cada árbol,
hasta que encuentro uno en el que veo en toda su
perfección el yugo de campana. Luego, mis manos
empiezan a trabajar. Como he dejado mi yo a un lado, la
naturaleza se encuentra con la naturaleza en la obra que
se realiza a través de mí. Esta es, indudablemente, la razón
por la que todos dicen que el producto final es obra de
espíritus».

*   *   *   *

*Decía un violinista mundialmente famoso acerca de su genial
interpretación del Concierto para Violín de Beethoven: «Tengo
una espléndida música, un espléndio violín y un espléndido
arco. Todo lo que tengo que hacer es reunirlos y quitarme de
en medio».*

189

EL YO

Un discípulo acudió a Maruf Karkhi, el Maestro musulmán, y le dijo: «He estado hablándole de ti a la gente. Los judíos dicen que eres de los suyos. Los cristianos te consideran uno de sus santos. Y los musulmanes ven en ti a una gloria del Islam».

Maruf replicó: «Eso es lo que dicen aquí, en Bagdad. Cuando yo vivía en Jerusalén, los judíos me tenían por cristiano; los cristianos, por musulmán; y los musulmanes, por judío».

«Entonces, ¿qué tenemos que pensar de ti?»

«Pensad en mí como un hombre que dice lo siguiente acerca de sí mismo: los que no me comprenden me veneran; los que me vilipendian tampoco me comprenden».

Si crees ser lo que tus amigos y enemigos dicen que eres, evidentemente no te conoces a ti mismo.

EL YO

Una mujer estaba agonizando. De pronto, tuvo la sensación de que era llevada al cielo y presentada ante el Tribunal.

«¿Quién eres?», dijo una Voz.

«Soy la mujer del alcalde», respondió ella.

«Te he preguntado quién eres, no con quién estás casada».

«Soy la madre de cuatro hijos».

«Te he preguntado quién eres, no cuántos hijos tienes».

«Soy una maestra de escuela».

«Te he preguntado quién eres, no cuál es tu profesión».

Y así sucesivamente. Respondiera lo que respondiera, no parecía poder dar una respuesta satisfactoria a la pregunta «¿Quién eres?».

«Soy una cristiana».

«Te he preguntado quién eres, no cuál es tu religión».

«Soy una persona que iba todos los días a la iglesia y ayudaba a los pobres y necesitados».

«Te he preguntado quién eres, no lo que hacías».

191

Evidentemente, no consiguió pasar el examen, porque fue enviada de nuevo a la tierra. Cuando se recuperó de su enfermedad, tomó la determinación de averiguar quién era. Y todo fue diferente.

Tu obligación es ser. No ser un personaje ni ser un don nadie –porque ahí hay mucho de codicia y ambición–, ni ser esto o lo de más allá –porque eso condiciona mucho–, sino simplemente ser.

Un tipo con aspecto preocupado entra en la consulta del psiquiatra fumando un porro, cargado de abalorios, con los bajos de los pantalones deshilachados y con una melena hasta los hombros.

El psiquiatra le dice: «Usted afirma no ser un hippie; pero ¿qué me dice de sus ropas, de su melena y de ese porro?»

«Eso es lo que he venido a averiguar, doctor».

Conocer las cosas es tener erudición.
Conocer a los demás es tener sabiduría.
Conocer el propio yo es tener iluminación.

EL YO

Un estudiante se acerca al conserje del laboratorio de idiomas y le dice: «¿Podría dejarme una cinta virgen, por favor?»

«¿Qué idioma estudia usted?», le pregunta el conserje.

«Francés», responde el estudiante.

«Lo siento, pero no tengo cintas vírgenes en francés».

«¿Y las tiene usted en inglés?»

«En inglés, sí».

«Está bien. Deme una».

Tanto sentido tiene hablar de una cinta virgen en francés o en inglés como hablar de una persona francesa o inglesa. El ser francés o inglés es tu circunstancia, no tu yo.

Un niño nacido de padres americanos y adoptado por padres rusos, que crece sin saber que ha sido adoptado, que se convierte en un gran patriota y en un poeta capaz de expresar el inconsciente colectivo del alma rusa y los anhelos de la Madre Rusia, ¿es ruso o es americano? Ni una cosa ni otra.

Averigua quién/qué eres.

* * * *

EL YO

«¿Adónde vas con esa puerta bajo el brazo?»

«Es la puerta de mi casa. He perdido la llave y voy a que me pongan en la puerta una cerradura nueva».

«Procura ahora no perder la puerta, no vaya a ser que no puedas entrar en casa».

«No hay cuidado: he tomado la precaución de dejar una ventana abierta».

EL YO

Bankei, el Maestro Zen, es conocido por no haber creado escuela: ni dejó una sola obra escrita ni tuvo discípulos. Fue como un pájaro, que no deja huella de su vuelo a través del cielo.

Se decía de él que, cuando entraba en el bosque, no movía ni una brizna de hierba; y cuando entraba en el agua, no provocaba una sola onda.

Bankei no mortificó a la tierra. Ninguna hazaña o proeza, ningún logro y ninguna espiritualidad es comparable a esto: no mortificar a la tierra.

Un hombre se presentó ante Buda con una ofrenda de flores en las manos. Buda lo miró y dijo: «¡Suéltalo!»

El hombre no podía creer que se le ordenara dejar caer las flores al suelo. Pero entonces se le ocurrió que probablemente se le estaba insinuando que soltara las flores que llevaba en su mano izquierda, porque ofrecer algo con la mano izquierda se consideraba de mala suerte y como una descortesía. De modo que soltó las flores que sostenía en su mano izquierda.

Pero Buda volvió a decir: «¡Suéltalo!»

Esta vez dejó caer todas las flores y se quedó con las manos vacías delante de Buda, que, sonriendo, repitió: «¡Suéltalo!»

195

EL YO

Totalmente confuso, el hombre preguntó: «¿Qué se supone que debo soltar?»

«No las flores, hijo, sino al que las traía», respondió Buda.

* * * *

Erase un guru al que todos consideraban la encarnación de la Sabiduría. Todos los días disertaba sobre diversos aspectos de la vida espiritual, y para todos era obvio que jamás había superado nadie la variedad, la profundidad y el atractivo de las enseñanzas de aquel hombre.

Sus discípulos le preguntaban una y otra vez por la fuente de donde extraía su inagotable sabiduría. Y él les decía que todo estaba escrito en un libro que ellos heredarían cuando él muriera.

Al día siguiente de su muerte, los discípulos encontraron el libro en el lugar exacto donde él les había dicho que lo encontrarían. Aquel libro no tenía más que una página, y en ella una sola sentencia: «Comprende la diferencia entre el continente y el contenido y habrás descubierto la fuente de la Sabiduría».

EL YO

Una leyenda de los Upanishads:

El sabio Uddalaka enseñó a su hijo Svetaketu a descubrir
al Uno tras la apariencia de lo múltiple. Y lo hizo
valiéndose de «parábolas» como la siguiente:

Un día le ordenó a su hijo: «Pon toda esta sal en agua y
vuelve a verme por la mañana».

El muchacho hizo lo que se le había ordenado, y al día
siguiente le dijo su padre: «Por favor, tráeme la sal que
ayer pusiste en el agua».

«No la encuentro», dijo el muchacho. «Se ha disuelto».

«Prueba el agua de esta parte del plato», le dijo Uddalaka.
«¿A qué sabe?»

«A sal».

«Sorbe ahora de la parte del centro. ¿A qué sabe?»

«A sal».

«Ahora prueba del otro lado del plato. ¿A qué sabe?»

«A sal».

EL YO

«Arroja al suelo el contenido del plato», dijo el padre.

Así lo hizo el muchacho, y observó que, una vez evaporada el agua, reaparecía la sal. Entonces le dijo Uddalaka: «Tú no puedes ver a Dios aquí, hijo mío, pero de hecho está aquí».

Los que buscan la iluminación no logran encontrarla, porque no comprenden que el objeto de su búsqueda es el propio buscador. Al igual que la belleza, también Dios está en el yo del observador.

AMOR

AMOR

«Mi amigo no ha regresado del campo de batalla, señor.
Solicito permiso para salir a buscarlo».

«Permiso denegado», replicó el oficial. «No quiero que
arriesgue usted su vida por un hombre que probablemente
ha muerto».

El soldado, haciendo caso omiso de la prohibición, salió, y
una hora más tarde regresó mortalmente herido,
transportando el cadáver de su amigo.

El oficial estaba furioso: «¡Ya le dije yo que había muerto!
¡Ahora he perdido a dos hombres! Dígame, ¿merecía la
pena salir allá para traer un cadáver?»

Y el soldado, moribundo, respondió: «¡Claro que sí, señor!
Cuando lo encontré, todavía estaba vivo y pudo decirme:
"Jack... estaba seguro de que vendrías"».

* * * *

AMOR

Una niña estaba muriendo de una enfermedad de la que su hermano, de dieciocho años, había logrado recuperarse tiempo atrás.

El médico dijo al muchacho: «Sólo una transfusión de tu sangre puede salvar la vida de tu hermana. ¿Estás dispuesto a dársela?»

Los ojos del muchacho reflejaron verdadero pavor. Dudó por unos instantes, y finalmente dijo: «De acuerdo, doctor; lo haré».

Una hora después de realizada la transfusión, el muchacho preguntó indeciso: «Dígame, doctor, ¿cuándo voy a morir?» Sólo entonces comprendió el doctor el momentáneo pavor que había detectado en los ojos del muchacho: creía que, al dar su sangre, iba también a dar la vida por su hermana.

AMOR

Un discípulo deseaba ardientemente renunciar al mundo, pero afirmaba que su familia le amaba demasiado como para permitirle que se fuera.

«¿Amarte?», le dijo su guru. «Eso no es amor en absoluto. Escucha...» Y le reveló al discípulo un secreto del yoga que le permitiría simular que estaba muerto. Al día siguiente, según todas las apariencias externas, el hombre estaba muerto, y la casa se llenó de llantos y lamentaciones de parte de sus familiares.

Entonces se presentó el guru y dijo a la desconsolada familia que él tenía poder para resucitarlo si había alguien que quisiera morir en su lugar. Y preguntó si había algún voluntario.

Para sorpresa del «cadáver», todos los miembros de la familia comenzaron a aducir razones por las que debían seguir viviendo. Su propia mujer resumió los sentimientos de todos con estas palabras: «En realidad, no hay necesidad de que nadie ocupe su lugar. Ya nos las arreglaremos sin él».

* * * *

AMOR

Tres personas adultas estaban tomando un café en la cocina mientras los niños andaban jugando por el suelo. La conversación versaba sobre lo que harían en caso de peligro, y cada una de las tres personas dijo que lo primero que haría sería poner a salvo a los niños.

De pronto reventó la válvula de seguridad de la olla a presión, y toda la cocina se llenó al instante de vapor. En cuestión de segundos, todos estaban fuera de la cocina... excepto los niños, que seguían jugando en el suelo.

AMOR

En el funeral de un hombre riquísimo había un individuo desconocido que se lamentaba y lloraba tanto como los demás.

El sacerdote oficiante se acercó a él y le preguntó: «¿Es usted, quizá, pariente del difunto?»

«No».

«Entonces, ¿por qué llora usted de ese modo?»

«Precisamente por eso».

Toda aflicción –sea cual sea la ocasión– es por uno mismo.

* * * *

Estaba ardiendo una fábrica, y el anciano propietario lloraba desconsolado su pérdida.

«¿Por qué lloras, papá?», le pregunto su hijo. «¿Has olvidado que hemos vendido la fábrica hace cuatro días?»

Y el anciano dejó inmediatamente de llorar.

AMOR

Una dependienta le vendió unos pantalones de un amarillo rabioso a un muchacho que parecía encantado con su compra.

Al día siguiente volvió el muchacho diciendo que quería cambiar los pantalones. El motivo: «No le gustan a mi novia».

Una semana más tarde regresó de nuevo, todo sonriente, a comprar otra vez los dichosos pantalones. «¿Ha cambiado su novia de opinión?», le preguntó la dependienta.

«¡No!», respondió el joven. «He cambiado yo de novia».

* * * *

La madre: «¿Qué es lo que le gusta a tu novia de ti?»

El hijo: «Piensa que soy guapo, inteligente y simpático y que bailo muy bien».

«¿Y qué es lo que te gusta a ti de ella?»

«Que piensa que soy guapo, inteligente y simpático y que bailo muy bien».

AMOR

Dos amigas se encuentran al cabo de muchos años.

«Cuéntame», dice una de ellas, «¿qué fue de tu hijo?»

«¿Mi hijo?», responde la otra suspirando. «¡Pobre hijo
mío...! ¡Qué mala suerte ha tenido...! Se casó con una chica
que no da golpe en su casa. No quiere cocinar ni coser ni
lavar ni limpiar... Se pasa el día en la cama holgazaneando,
leyendo o durmiendo. ¿Querrás creer que el pobre
muchacho tiene incluso que llevarle el
desayuno a la cama?»

«¡Es espantoso! ¿Y qué ha sido de tu hija?»

«¡Ah, ésa sí que ha tenido suerte! Se casó con un
verdadero ángel. Figúrate que no permite que ella se
moleste para nada. Tiene criados que cocinan, cosen,
lavan, limpian y lo hacen todo. ¿Y querrás creer que él le
lleva todas las mañanas el desayuno a la cama? Todo lo
que hace es dormir cuanto quiere, y el resto del día lo
emplea en descansar y leer en la cama».

AMOR

«¿Cree usted que podrá darle a mi hija todo cuanto desee?», le preguntó un hombre a un pretendiente.

«Estoy seguro de que sí, señor. Ella dice que todo lo que desea es a mí».

Nadie lo llamaría amor si todo lo que ella deseara fuera dinero. ¿Por qué es amor si todo lo que ella desea eres tú?

* * * *

Cuando Robert, un cuarentón, se enamoró de su vecina de catorce años, vendió todo lo que tenía y hasta aceptó hacer horas extra en su tiempo libre para ganar suficiente dinero y poder comprar a su novia el carísimo reloj que ella deseaba. Sus padres estaban consternados, pero decidieron que era mejor no decir nada.

Llegó el día de comprar el reloj, y Robert regresó a casa sin haber gastado su dinero. Y ésta es la explicación que dio: «La llevé a la joyería y ella dijo que, después de todo, no quería el reloj. Que le hacían más ilusión otras cosas, como una pulsera, un collar, una sortija de oro...»

«Y mientras ella lo fisgaba todo sin decidirse, recordé lo que una vez nos contó nuestro maestro: que antes de adquirir algo debíamos preguntarnos para qué lo queríamos. Entonces comprendí que, después de todo, yo no la quería realmente, de manera que salí de la joyería y me marché».

AMOR

Un niño sintió que se le rompía el corazón cuando encontró, junto al estanque, a su querida tortuga patas arriba, inmóvil y sin vida.

Su padre hizo cuanto pudo por consolarlo: «No llores, hijo. Vamos a organizar un precioso funeral por el señor Tortuga. Le haremos un pequeño ataúd forrado en seda y encargaremos una lápida para su tumba con su nombre grabado. Luego le pondremos flores todos los días y rodearemos la tumba con una cerca».

El niño se secó las lágrimas y se entusiasmó con el proyecto. Cuando todo estuvo dispuesto, se formó el cortejo –el padre, la madre, la criada y, delante de todos, el niño– y empezaron a avanzar solemnemente hacia el estanque para llevarse el cuerpo, pero éste había desaparecido.

De pronto, vieron cómo el señor Tortuga emergía del fondo del estanque y nadaba tranquila y gozosamente. El niño, profundamente decepcionado, se quedó mirando fijamente al animal y, al cabo de unos instantes, dijo: «Vamos a matarlo».

En realidad, no eres tú lo que me importa,
sino la sensación que me produce amarte.

209

AMOR

Una devota se hizo una estatua de Buda en madera y la cubrió con una fina capa de oro. Le quedó hermosísima, y la llevaba consigo adondequiera que iba.

Pasaron los años, y la devota, siempre con su estatua a cuestas, se estableció en un pequeño templo en el que había muchas estatuas de Buda, cada una de ellas con su respectivo altar.

Comenzó todos los días a quemar incienso delante de su dorado Buda, pero descubrió, consternada, que parte del humo se escapaba hacia los altares colindantes.

Entonces se hizo un embudo de papel a través del cual ascendía el humo únicamente hacia su Buda, con lo cual se ennegreció la nariz del precioso Buda dorado, que se puso feísimo.

AMOR

Federico Guillermo, que reinó en Prusia a comienzos del siglo XVIII, tenía fama de ser un hombre muy temperamental y poco amigo de formalidades y cumplidos. Solía pasear sin escolta por las calles de Berlín y, si se encontraba con alguien que le desagradaba –lo cual no era infrecuente–, no dudaba en usar su bastón contra la desventurada víctima.

No es extraño, por tanto, que, cuando la gente le divisaba, se escabullera lo más discretamente posible. En cierta ocasión, yendo Federico por una calle –golpeando el suelo con su bastón, como de costumbre–, un berlinés tardó demasiado en percatarse de su presencia, y su intento de ocultarse en un portal resultó fallido.

«¡Eh, tú!», dijo Federico, «¿adónde vas?»

El hombre se puso a temblar. «A esta casa, Majestad», respondió.

«¿Es tu casa?»

«No, Majestad»..

«¿Es la casa de un amigo?»

«No, Majestad».

211

AMOR

«Entonces, ¿por qué entras en ella?»

Al hombre le entró miedo de que el rey pudiera confundirle con un ladrón, y decidió decir la verdad: «Para evitar topar con su Majestad».

«¿Y por qué quieres evitar topar conmigo?»

«Porque tengo miedo de su Majestad».

Al oír aquello, Federico Guillermo se puso rojo de furia, agarró al pobre hombre por los hombros, lo sacudió violentamente y le gritó: «¿Cómo te atreves a tener miedo de mí? ¡Yo soy tu soberano, y se supone que tienes que amarme! ¡Amame, desgraciado! ¡Te ordeno que me ames!»

* * * *

AMOR

Una mujer notablemente corpulenta entró en la oficina del registro civil cerrando tras de sí la puerta con un portazo descomunal.

«¿Me ha expedido usted esta licencia para casarme con Jacob Jacobson o no?», le preguntó al funcionario mientras arrojaba violentamente sobre la mesa el documento.

El funcionario examinó atentamente el documento a través de sus gruesas gafas y dijo: «Sí, señora, creo que lo he expedido yo. ¿Por qué?»

«Porque el tipo ha huido», respondió la mujer, «y quiero saber qué va a hacer usted al respecto».

AMOR

Tras una acalorada discusión con su mujer, el hombre acabó diciendo: «¿Por qué no podemos vivir en paz como nuestros dos perros, que nunca se pelean?»

«Claro que no se pelean», reconoció la mujer. «¡Pero átalos juntos, y verás lo que ocurre!»

* * * *

Una princesa árabe se había empeñado en casarse con uno de sus esclavos. Todos los esfuerzos del rey por disuadirla de su propósito resultaban inútiles, y ninguno de sus consejeros era capaz de darle una solución.

Al fin, se presentó en la corte un sabio y anciano médico que, al enterarse del apuro del rey, le dijo: «Su Majestad está mal aconsejada, porque, si prohíbe casarse a la princesa, lo que ocurrirá es que ella se enojará con Su Majestad y se sentirá aún más atraída por el esclavo».

«¡Entonces dime lo que debo hacer!», gritó el rey.

Y el médico sugirió un plan de acción.

AMOR

El rey se sentía un tanto escéptico acerca del plan, pero decidió intentarlo. Mandó que llevaran a la joven a su presencia y le dijo: «Voy a someter a prueba tu amor por ese hombre: vas a ser encerrada con él durante treinta días y treinta noches en una celda. Si al final sigues queriendo casarte con él, tendrás mi consentimiento».

La princesa, loca de alegría, le dio un abrazo a su padre y aceptó encantada someterse a la prueba. Todo marchó perfectamente durante unos días, pero no tardó en presentarse el aburrimiento. Antes de que pasara una semana, ya estaba la princesa suspirando por otro tipo de compañía y la exasperaba todo cuanto dijera o hiciera su amante. Al cabo de dos semanas estaba tan harta de aquel hombre que se puso a chillar y a aporrear la puerta de la celda. Cuando, al fin, consiguió salir, se echó en brazos de su padre, agradecida de que la hubiera librado de aquel hombre, al que había llegado a aborrecer.

La separación facilita la vida en común.
Cuando no hay distancia, no es posible establecer relación.

AMOR

Una maestra observó que uno de los niños de su clase estaba extrañamente triste y pensativo.

«¿Qué es lo que te preocupa?», le preguntó.

«Mis padres», contestó él. «Papá se pasa el día trabajando para que yo pueda vestirme, alimentarme y venir a la mejor escuela de la ciudad. Además, hace horas extra para poder enviarme algún día a la universidad. Y mamá se pasa el día cocinando, lavando, planchando y haciendo compras para que yo no tenga por qué preocuparme».

«Entonces, ¿por qué estás preocupado?»

«Porque tengo miedo de que traten de escaparse».

AMOR

Una maestra dijo a sus pequeños alumnos que iba a escribir los nombres de todos ellos en la pizarra y que, detrás de cada nombre, quería poner aquello por lo que cada niño sintiera más agradecimiento.

Uno de los niños estaba cavilando intensamente cuando la maestra escribió su nombre en la pizarra. Y al preguntarle lo que debía poner a continuación, él, finalmente, dijo: «Madre».

Y eso fue lo que escribió la maestra. Pero, cuando estaba empezando a escribir el siguiente nombre, el niño se puso a agitar frenéticamente su mano.

«¿Sí?», dijo la maestra.

«Por favor, borre MADRE», dijo el niño, «y escriba PERRO».

¿Por qué no?

217

AMOR

Un hombre le ofreció a su hija de doce años una propina si cortaba el césped del jardín. La muchacha puso manos a la obra con todo entusiasmo, y al anochecer había quedado perfectamente cortado todo el césped... a excepción de una de las esquinas del mismo.

Cuando el padre le dijo que no podía darle la propina convenida, porque no había cortado todo el césped, ella le replicó que no le importaba, pero que no cortaría aquel trozo de césped.

Intrigado por conocer el motivo, el padre se acercó a examinar el lugar en cuestión y vio que, justamente en el centro de la zona que había quedado sin cortar, había un enorme sapo. La muchacha había sentido demasiada compasión como para atropellarlo con el cortacésped.

Donde hay amor hay desorden.
El orden perfecto haría del mundo un cementerio.

AMOR

El orador había reunido a un cierto número de personas
en una esquina callejera. «¡La revolución se acerca», decía,
«y todo el mundo irá en grandes automóviles! ¡La
revolución se acerca, y todo el mundo tendrá teléfono en
su cocina! ¡La revolución se acerca, y todo el mundo
poseerá una tierra que podrá considerar suya!»

Del público brotó una voz de protesta: «¡Yo no quiero
poseer un gran automóvil ni un terreno ni un teléfono en
la cocina!»

«¡La revolución se acerca», dijo el orador, «y tú harás lo
que se te diga!»

Si deseas un mundo perfecto, olvídate de la gente.

Un día, Abraham invitó a un mendigo a comer en su
tienda. Cuando Abraham estaba dando gracias, el otro
empezó a maldecir a Dios y a decir que no soportaba oír
Su Santo Nombre.

Presa de indignación, Abraham echó al blasfemo de su
tienda.

Aquella noche, cuando estaba haciendo sus oraciones, le
dijo Dios a Abraham: «Ese hombre ha blasfemado de mí y
me ha injuriado durante cincuenta años y, sin embargo, yo
le he dado de comer todos los días. ¿No podías haberlo
soportado tú durante un solo almuerzo?»

AMOR

Se afirmaba en la aldea que una anciana tenía apariciones divinas, y el cura quería pruebas de la autenticidad de las mismas. «La próxima vez que Dios se te aparezca», le dijo, «pídele que te revele mis pecados, que sólo El conoce. Esa será una prueba suficiente».

La mujer regresó un mes más tarde, y el cura le preguntó si se le había vuelto a aparecer Dios. Y al responder ella que sí, le dijo: «¿Y le pediste lo que te ordené?»

«Sí, lo hice».

«¿Y que te dijo El?»

«Me dijo: "Dile al cura que he olvidado sus pecados"».

¿Será posible
que todas las cosas horribles que has hecho
hayan sido olvidadas por todos...
menos por ti?

220

AMOR

En cierta ocasión, se hallaban reunidos en Escete algunos
de los ancianos, entre ellos el Abad Juan el Enano.

Mientras estaban cenando, un ancianísimo sacerdote se
levantó e intentó servirles. Pero nadie, a excepción de
Juan el Enano, quiso aceptar de él ni siquiera
un vaso de agua.

A los otros les extrañó bastante la actitud de Juan, y más
tarde le dijeron: «¿Cómo es que te has considerado digno
de aceptar ser servido por ese santo varón?»

Y él respondió: «Bueno, veréis, cuando yo ofrezco a la
gente un trago de agua, me siento dichoso si aceptan.
¿Acaso me consideráis capaz de entristecer a ese anciano
privándole del gozo de darme algo?»

AMOR

Cuando una joven de dieciocho años gastó todos sus ahorros en comprar un regalo para su madre, ésta se sintió agradecidísima y verdaderamente feliz, porque una madre y ama de casa suele tener mucho trabajo y no es frecuente que se lo reconozcan.

La joven parecía haber comprendido esto, porque le dijo a su madre: «Esto es porque te matas a trabajar, madre, y nadie lo aprecia».

Y la madre le dijo: «También tu padre se mata a trabajar...»
«Sí», replicó la joven, «pero él no anda pregonándolo a todas horas».

Un anciano peregrino recorría su camino hacia las montañas del Himalaya en lo más crudo del invierno. De pronto, se puso a llover.

Un posadero le preguntó: «¿Cómo has conseguido llegar hasta aquí con este tiempo de perros, buen hombre?»

Y el anciano respondió alegremente: «Mi corazón llegó primero, y al resto de mí le ha sido fácil seguirle».

AMOR

Jeremías estaba enamorado de una mujer altísima, y todas las noches, al regresar del trabajo a su casa, suspiraba por poder besarla, pero era demasiado tímido para pedírselo.

Una noche, sin embargo, se armó de valor y le dijo: «¿Querrías darme un beso?» Ella mostró su conformidad; pero, como Jeremías era extraordinariamente bajo de estatura, se pusieron a buscar algo sobre lo que pudiera subirse. Al fin, encontraron en una herrería abandonada un yunque sobre el que Jeremías alcanzó la altura deseada.

Tras caminar durante cerca de un kilómetro, Jeremías le dijo a la mujer: «¿Podrías darme otro beso, querida?»

«No», respondió la mujer. «Ya te he dado uno, y es suficiente por hoy».

Y Jeremías dijo: «Entonces, ¿por qué no me has impedido cargar con este maldito yunque?»

¡El amor soporta la carga sin sentir su peso!

AMOR

Un Califa de Bagdad llamado Al-Mamun poseía un hermoso caballo árabe del que estaba encaprichado el jefe de una tribu, llamado Omah, que le ofreció un gran número de camellos a cambio; pero Al-Mamun no quería desprenderse del animal. Aquello encolerizó a Omah de tal manera que decidió hacerse con el caballo fraudulentamente.

Sabiendo que Al-Mamun solía pasear con su caballo por un determinado camino, Omah se tendió junto a dicho camino disfrazado de mendigo y simulando estar muy enfermo. Y como Al-Mamun era un hombre de buenos sentimientos, al ver al mendigo sintió lástima de él, desmontó y se ofreció a llevarlo a un hospital.

«Por desgracia», se lamentó el mendigo, «llevo días sin comer y no tengo fuerzas para levantarme». Entonces, Al-Mamun lo alzó del suelo con mucho cuidado y lo montó en su caballo, con la idea de montar él a continuación. Pero, en cuanto el falso mendigo se vio sobre la silla, salió huyendo al galope, con Al-Mamun corriendo detrás de él para alcanzarlo y gritándole que se detuviera. Una vez que Omah se distanció lo suficiente de su perseguidor, se detuvo y comenzó a hacer caracolear al caballo.

«¡Está bien, me has robado el caballo!», gritó Al-Mamun. «¡Ahora sólo tengo una cosa que pedirte!»

«¿De qué se trata?», preguntó Omah también a gritos.

AMOR

«¡Que no cuentes a nadie cómo te hiciste con el caballo!»

«¿Y por qué no he de hacerlo?»

«¡Porque quizás un día puede haber un hombre realmente enfermo tendido junto al camino y, si la gente se ha enterado de tu engaño, tal vez pase de largo y no le preste ayuda!»

AMOR

Se acercaba la época de las lluvias monzónicas, y un hombre muy anciano estaba cavando hoyos en su jardín.

«¿Qué haces?», le preguntó su vecino.

«Estoy plantando anacardos», respondió el anciano.

«¿Esperas llegar a comer anacardos de esos árboles?» «No, no pienso vivir tanto. Pero otros lo harán. Se me ocurrió el otro día que toda mi vida he disfrutado comiendo anacardos plantados por otras personas, y ésta es mi manera de demostrarles mi gratitud».

* * * *

Estaba un día Diógenes plantado en la esquina de una calle y riendo como un loco.

«¿De qué te ríes?», le preguntó un transeúnte.

«¿Ves esa piedra que hay en medio de la calle? Desde que llegué aquí esta mañana, diez personas han tropezado en ella y han maldecido, pero ninguna de ellas se ha tomado la molestia de retirarla para que no tropezaran otros».

226

AMOR

Preguntó un guru a sus discípulos si sabrían decir cuándo acababa la noche y empezaba el día.

Uno de ellos dijo: «Cuando ves a un animal a distancia y puedes distinguir si es una vaca o un caballo».

«No», dijo el guru.

«Cuando miras un árbol a distancia y puedes distinguir si es un mango o un anacardo».

«Tampoco», dijo el guru.

«Está bien», dijeron los discípulos, «dinos cuándo es».

«Cuando miras a un hombre al rostro y reconoces en él a tu hermano; cuando miras a la cara a una mujer y reconoces en ella a tu hermana. Si no eres capaz de esto, entonces, sea la hora que sea, aún es de noche».

AMOR

Se encontró un amigo con el famoso ensayista Charles Lamb y le dijo: «Quisiera presentarte a don Fulano de tal».

«No, muchas gracias», respondió Lamb. «No me gusta ese hombre».

«¡Pero si no lo conoces...!»

«Ya lo sé. Por eso no me gusta», dijo Lamb.

«*Tratándose de personas, yo conozco lo que me gusta*».
«*Quieres decir que te gusta lo que conoces*».

Le intrigaba a la congregación el que su rabino desapareciera todas las semanas la víspera del sábado. Sospechando que se encontraba en secreto con el Todopoderoso, encargaron a uno de sus miembros que le siguiera.

Y el «espía» comprobó que el rabino se disfrazaba de campesino y atendía a una mujer pagana paralítica, limpiando su cabaña y preparando para ella la comida del sábado.

Cuando el «espía» regresó, la congregación le preguntó: «¿Adónde ha ido el rabino? ¿Le has visto ascender al cielo?»

«No», respondió el otro, «ha subido aún más arriba».

228

AMOR

Cuando el Conde de Mountbatten, el último Virrey de la India, anunció que su sobrino, el príncipe Felipe, iba a casarse con la Princesa Elizabeth, el Mahatma Gandhi le dijo: «Me encanta saber que su sobrino va a casarse con la futura reina, y me gustaría hacerle un regalo de bodas; pero ¿qué puedo regalarle, si no tengo nada?»

«Tiene usted su rueca», le dijo el Virrey. «Podría usted hilar y tejer algo para ellos».

Y Gandhi les hizo un mantel que Mountbatten envió a la Princesa Elizabeth con esta nota: «Guardad esto con las joyas de la Corona».

...porque había sido tejido por un hombre que había dicho: «Los ingleses deberían marcharse como amigos».

AMOR

Había un viejo sufí que se ganaba la vida vendiendo toda clase de baratijas. Parecía como si aquel hombre no tuviera entendimiento, porque la gente le pagaba muchas veces con monedas falsas que él aceptaba sin ninguna protesta, y otras veces afirmaban haberle pagado, cuando en realidad no lo habían hecho, y él aceptaba su palabra.

Cuando le llegó la hora de morir, alzó sus ojos al cielo y dijo: «¡Oh, Alá! He aceptado de la gente muchas monedas falsas, pero ni una sola vez he juzgado a ninguna de esas personas en mi corazón, sino que daba por supuesto que no sabían lo que hacían. Yo también soy una falsa moneda. No me juzgues, por favor».

Y se oyó una Voz que decía: «¿Cómo es posible juzgar a alguien que no ha juzgado a los demás?»

Muchos pueden actuar amorosamente.
Pero es rara la persona que piensa amorosamente.

* * * *

AMOR

La familia se había reunido para cenar, y el hijo mayor anunció que iba a casarse con la vecina de enfrente.

«¡Pero si su familia no le dejó una perra...!», objetó el padre.

«¡Ni ella ha sido capaz de ahorrar un céntimo!», añadió la madre.

«¡Y no sabe una palabra de fútbol!», dijo el hermano pequeño.

«¡Jamás he visto a una chica tan cursi!», dijo la hermana.

«¡No sabe más que leer novelas!», dijo el tío.

«¡No tiene gusto para vestir!», dijo la tía.

«¡Se lo gasta todo en maquillaje!», dijo la abuela.

«Todo eso es verdad», dijo el muchacho. «Pero tiene una enorme ventaja sobre todos nosotros».

«¿Cuál?», exclamaron todos.

«Que no tiene familia».

AMOR

El Abad Anastasio tenía un libro de finísimo pergamino que valía veinte monedas y que contenía el Antiguo y el Nuevo Testamento. Una vez fue a visitarle cierto monje que, al ver el libro, se encaprichó de él y se lo llevó. De modo que aquel día, cuando Anastasio fue a leer su libro, descubrió que había desaparecido, y al instante supo que el monje lo había robado. Pero no le denunció, por temor a que, al pecado de hurto, pudiera añadir el de perjurio.

El monje se había ido a la ciudad y quiso vender el libro, por el que pedía dieciocho monedas. El posible comprador le dijo: «Déjame el libro para que pueda averiguar si vale tanto dinero». Entonces fue a ver al santo Anastasio y le dijo: «Padre, mire este libro y dígame si cree usted que vale dieciocho monedas». Y Anastasio le dijo: «Sí, es un libro precioso, y por dieciocho monedas es una ganga».

El otro volvió adonde estaba el monje y le dijo: «Aquí tienes tu dinero. He enseñado el libro al Padre Anastasio y me ha dicho que sí vale las dieciocho monedas».

El monje estaba anonadado. «¿Fue eso todo lo que dijo? ¿No dijo nada más?»

«No, no dijo una sola palabra más».

AMOR

«Bueno, verás... he cambiado de opinión... y ahora ya no quiero vender el libro...»

Entonces regresó adonde Anastasio y, con lágrimas en los ojos, le suplicó que volviera a quedarse con el libro. Pero Anastasio le dijo con toda paz: «No, hermano, quédate con él. Es un regalo que quiero hacerte». Sin embargo, el monje dijo: «Si no lo recuperas, jamás tendré paz».

Y desde entonces, el monje se quedó con Anastasio para el resto de sus días.

AMOR

Jitoku era un excelente poeta que había decidido estudiar Zen, para lo cual concertó una cita con el Maestro Ekkei en Kyoto. Acudió ilusionadísimo al Maestro, pero en el momento en que se presentó ante éste recibió una bofetada que le dejó perplejo y humillado, pues jamás se había atrevido nadie a golpearle. Pero, como el Zen prohíbe decir ni hacer nada si no lo ordena el Maestro, salió de allí en silencio e, indignadísimo, se fue a ver a Dokuon, el discípulo, le contó lo sucedido y le dijo que pensaba desafiar en duelo al Maestro.

«¡Pero si el Maestro ha querido ser amable contigo...!», le dijo Dokuon. «Métete de lleno en la práctica del "zazen" y lo comprobarás por ti mismo».

Y eso fue exactamente lo que hizo Jitoku, ejercitándose durante tres días y tres noches con tal intensidad que alcanzó una iluminación extática muy superior a todo cuanto podría haber imaginado. Y Ekkei le hizo saber su satisfacción por el «satori» obtenido.

Jitoku volvió a visitar a Dokuon, le agradeció su consejo y le dijo: «Si no hubiera sido por tu buen juicio, jamás habría tenido yo esta transformadora experiencia. Y por lo que se refiere al Maestro, ahora veo que su bofetada no fue lo bastante fuerte».

AMOR

Muso, uno de los más ilustres Maestros de su tiempo,
viajaba en compañía de un discípulo. Llegaron a un río y
embarcaron en un «ferry». Cuando éste estaba a punto de
desatracar, llegó corriendo un samurai borracho y saltó
dentro de la sobrecargada embarcación, que a punto
estuvo de zozobrar. Luego empezó a tambalearse
violentamente, poniendo en peligro la estabilidad del frágil
navío, por lo que el barquero le suplicó que se
estuviera quieto.

«¡No hay derecho a que nos tengan aquí como sardinas en
banasta!», protestó estridentemente el samurai. De pronto,
vio a Muso y gritó: «¡Mira quién está ahí! ¡Vamos a arrojar
por la borda a ese santón!»

«Ten paciencia, por favor», dijo Muso. «No tardaremos en
llegar al otro lado».

«¿Cómo dices? ¿Que tenga yo paciencia?», gritó el samurai
fuera de sí. «¡Qué te parece...! ¡Si no saltas antes de un
minuto, yo mismo te echaré por la borda!»

La sensación de calma que reflejaba el rostro del Maestro
ante aquella amenaza enfureció de tal manera al samurai
que se acercó a Muso y le arreó un par de bofetones en la
cara, haciéndole sangrar. El discípulo, que era un hombre
corpulento, ya no aguantó más y le dijo a su Maestro:
«Después de lo que ha hecho, ya no merece vivir».

AMOR

«¿Por qué alterarse tanto por una tontería?», dijo Muso con una sonrisa. «Es en ocasiones como ésta cuando se pone a prueba nuestro adiestramiento. Debes recordar que la paciencia es algo más que una palabra». Y a continuación compuso este poema:

«El que golpea y el golpeado
son simples actores de un drama
tan efímero como un sueño».

AMOR

Siete tipos locos, que habían estado en la fiesta de una aldea vecina, regresaban de noche a su pueblo tambaleándose, con una borrachera más que mediana.

Se puso a llover, y se refugiaron bajo un árbol para pasar la noche.

Cuando se despertaron a la mañana siguiente, empezaron a gemir y a lamentarse ruidosamente. «¿Qué sucede?», preguntó un transeúnte.

«Anoche nos acurrucamos bajo este árbol para dormir, señor», dijo uno de los locos, «y al despertar esta mañana estábamos hechos un lío y no podemos distinguir de quién es cada brazo y cada pierna».

«Eso se soluciona enseguida», dijo el otro. «Dejadme un alfiler». Se lo dejaron y él lo clavó en la primera pierna que vio. «¡Ay!», gritó uno de ellos. «Ahí lo tiene», dijo el transeúnte, «esa pierna es suya». Luego pinchó en un brazo. «¡Ay!», exclamó otro, identificándose como el propietario de dicho brazo. Y así sucesivamente, hasta que se deshizo el lío; y los locos regresaron felices a su pueblo, enriquecidos con una nueva experiencia.

Cuando tu corazón responda instintivamente a las alegrías y a las penas de los demás, sabrás que te has desprendido de tu yo y habrás alcanzado la experiencia de tu «uni-corporeidad» con la raza humana... y al fin habrá triunfado el amor.

237

VERDAD

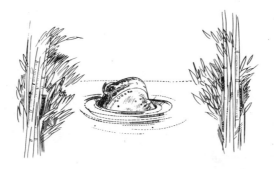

VERDAD

La Verdad no se encuentra en fórmulas...

Un hombre que tomaba el té con un amigo en un restaurante estaba mirando fija y detenidamente su taza. De pronto dijo con aspecto resignado: «¡Ah, mi querido amigo, la vida es como una taza de té...!»

El otro, tras considerarlo unos instantes, se quedó mirando fija y detenidamente su taza de té y luego preguntó: «¿Por qué? ¿Por qué es la vida como una taza de té?»

«¿Cómo voy yo a saberlo?», dijo el primero. «¿Acaso soy yo un intelectual?»

VERDAD

...ni en cifras...

«Acusado», dijo el juez, «le he encontrado a usted culpable de veintitrés cargos. Por tanto, le condeno a usted a un total de ciento setenta y cinco años de cárcel».

El reo, un hombre anciano, rompió a llorar. La expresión del juez se endulzó y dijo: «Pero no quiero ser cruel. Sé que la condena impuesta es muy severa. Realmente, no tiene usted que cumplirla en su totalidad...»

En los ojos del reo brilló una luz de esperanza.

«Eso está mejor», dijo el juez. «Limítese a cumplir los años que pueda».

* * * *

Un obispo había decretado que las amas de los curas debían tener al menos cincuenta años. Y durante la visita a la diócesis descubrió, para su sorpresa, que un sacerdote pensaba estar cumpliendo la ley porque tenía dos amas, cada una de las cuales tenía veinticinco años.

VERDAD

...ni tampoco en nombres...

Llegado el momento de poner un nombre a su primogénito, un hombre y su mujer empezaron a discutir. Ella quería que se llamase igual que su abuelo materno, y él quería ponerle el nombre del abuelo paterno. Finalmente, acudieron al rabino para que solventara la cuestión.

«¿Cuál era el nombre de tu padre?», preguntó el rabino al marido.

«Abiatar».

«Y cómo se llamaba el tuyo?», preguntó a la mujer.

«Abiatar».

«Entonces, ¿cuál es el problema?», preguntó perplejo el rabino.

VERDAD

«Verá usted, rabino», dijo la mujer. «Mi padre era un sabio, y el suyo un ladrón de caballos. ¿Cómo voy a permitir que mi hijo se llame igual que un hombre como ése?»

El rabino se puso a pensar en el asunto muy seriamente, porque se trataba de un problema verdaderamente delicado. No quería que una de las partes se sintiera vencedora y la otra perdedora. Al fin, dijo: «Os sugiero lo siguiente: llamad al niño "Abiatar"; luego esperad a ver si llega a ser un sabio o un ladrón de caballos, y entonces sabréis si le habéis puesto el nombre de uno o de otro abuelo».

VERDAD

...ni en símbolos...

«Me han dicho que has vendido tu bicicleta...»

«Así es».

«¿Y por cuánto la has vendido?»

«Por treinta dólares».

«Me parece un precio razonable».

«Lo es. Pero, si hubiera sabido que el tipo no me iba a pagar, le habría pedido el doble».

VERDAD

...ni en teorías...

Un director de empresa que acababa de asistir a un
seminario sobre «motivación» llamó a un empleado a su
despacho y le dijo: «De ahora en adelante, se le permitirá a
usted planificar y controlar su propio trabajo. Estoy seguro
de que eso hará que aumente considerablemente la
productividad».

«¿Me pagarán más?», preguntó el empleado.

«De ningún modo. El dinero no es un elemento motivador,
y usted no obtendría satisfacción de un simple aumento de
salario».

«Bueno, pero, si aumenta la productividad,
¿me pagarán más?»

«Mire usted», dijo el director. «Evidentemente, usted no
entiende la teoría de la motivación. Llévese a casa este
libro y léalo: en él se explica qué es lo que realmente le
motiva a usted».

Cuando el empleado salía del despacho, se detuvo y dijo:
«Y si leo este libro, ¿me pagará más?

*   *   *   *

VERDAD

Una joven pareja no sabía qué hacer con los celos que su hijo de tres años sentía hacia su hermanito recién nacido. Para ilustrarse, leyeron un libro de Psicología Infantil.

Un día en que el niño estaba de especial mal humor, la madre le dijo: «Toma este osito de peluche, hijo, y muéstrame lo que sientes hacia tu hermanito».

Según el libro, el niño debería haber golpeado y retorcido por el cuello al osito de peluche. Pero, en lugar de eso, tomó al osito por una pierna y, con evidente delectación, se fue adonde estaba el bebé y le sacudió con el osito en la cabeza.

VERDAD

...ni en palabras...

«Ardo en deseos de aprender la espiritualidad», le dijo un vecino al mullah Nasrudin. «¿Querrías venir a mi casa y hablarme de ello?»

Nasrudin no quiso comprometerse, porque, aun cuando veía que aquel hombre era algo más inteligente que la mayoría, también se daba cuenta de que abrigaba la ilusión de que el misticismo puede transmitirse con palabras.

Algunos días más tarde, el vecino le llamó a gritos desde la terraza: «¡Mullah, ¿podrías ayudarme a soplar mi fuego?; las brasas se están apagando!»

«¡Naturalmente que sí!», dijo Nasrudin. «¡Tienes a tu disposición mi aliento: ven a mi casa y toma todo lo que puedas!»

* * * *

VERDAD

Durante un ensayo con la orquesta, el director le dijo al trompetista: «Pienso que este pasaje requiere... ¿cómo le diría yo?... un enfoque más wagneriano...; no sé si me explico... Quiero decir: algo más enérgico, por así decirlo; algo más acentuado, con más cuerpo, más profundo, más...»

El trompetista le interrumpió: «¿Quiere que toque más fuerte, señor?»

«¡Sí, eso es lo que quiero decir!», fue todo cuanto pudo decir el pobre director.

VERDAD

...ni en «slogans»...

Un grupo religioso solía usar para sus numerosos congresos un hotel cuyo lema, escrito con grandes caracteres en las paredes del vestíbulo, decía: «NO HAY PROBLEMAS. SOLO HAY OPORTUNIDADES».

Un congresista se acercó al mostrador de recepción y dijo: «Usted perdone, pero tengo un problema...»

Con una sonrisa, el recepcionista le replicó: «Aquí no tenemos problemas, señor. Unicamente tenemos oportunidades».

«Llámelo como quiera», dijo el otro impaciente, «pero hay una mujer en la habitación que me han asignado».

VERDAD

...ni en etiquetas...

Un inglés emigró a los Estados Unidos y adquirió la ciudadanía norteamericana.

Cuando regresó de vacaciones a Inglaterra, uno de sus parientes le recriminó por haber cambiado de nacionalidad.

«¿Qué has salido ganando con hacerte ciudadano norteamericano?», le preguntó.

«Bueno, ante todo, que he ganado la Revolución Americana», fue la respuesta.

VERDAD

...ni en convencionalismos...

Cuando se reformó el trazado de la frontera
ruso-finlandesa, le informaron a un granjero que la nueva
línea divisoria pasaba justamente por enmedio de su
granja y que, consiguientemente, tenía la posibilidad de
elegir si quería pertenecer a Rusia o a Finlandia. El
granjero prometió pensar seriamente el asunto; y al cabo
de unas semanas anunció que deseaba vivir en Finlandia.
Acudió una multitud de indignados funcionarios rusos con
la intención de explicarle las ventajas de pertenecer a
Rusia y no a Finlandia.

El granjero, tras escuchar sus razonamientos, dijo: «Estoy
absolutamente de acuerdo con todo lo que ustedes dicen.
De hecho, siempre he deseado vivir en la Madre Rusia.
Pero, a mi edad, sencillamente no me siento capaz de
sobrevivir a otro de esos terribles inviernos rusos».

VERDAD

...ni en distingos.

Un individuo estaba haciendo su doctorado en filosofía, y su mujer sólo comprendió la seriedad con que estudiaba su marido el día que le preguntó: «¿Cuál es la razón de que me quieras tanto?»

Veloz como el rayo, el marido replicó: «Cuando dices "tanto", ¿te refieres a la intensidad, a la profundidad, a la frecuencia, a la calidad o a la duración?»

Jamás ha captado nadie
la belleza de la rosa
diseccionando sus pétalos.

VERDAD

Tampoco suele encontrarse la Verdad en estadísticas...

Nasrudin fue arrestado y conducido al tribunal bajo la acusación de haber metido carne de caballo en las albóndigas de pollo que servía en su restaurante.

Antes de pronunciar sentencia, el juez quiso saber en qué proporción mezclaba la carne de caballo con la de pollo. Y Nasrudin, bajo juramento, respondió: «Al cincuenta por ciento, Señoría».

Después del juicio, un amigo le preguntó a Nasrudin qué significaba exactamente lo del «cincuenta por ciento». Y Nasrudin le dijo: «Un caballo por cada pollo».

* * * *

Un grupo de leñadores estuvo durante seis meses cortando madera en el bosque. Para hacerles la comida y lavarles la ropa habían contratado a dos mujeres, las cuales se casaron con dos de ellos al acabar los seis meses. Y la noticia que dio el periódico local fue que el dos por ciento de los hombres se casaban con el ciento por ciento de las mujeres.

254

VERDAD

...ni en la lógica...

Un gigantesco individuo se disponía a abandonar la taberna a las diez de la noche.

«¿Cómo tan pronto?», le preguntó el tabernero.

«Por mi mujer».

«¡No me digas que te da miedo tu mujer! ¿Qué eres tú: un hombre o un ratón?»

«Si de algo estoy seguro, es de que no soy un ratón, porque a mi mujer le horrorizan los ratones».

* * * *

Un profesor de filosofía en París se autoproclamó un día como el hombre más importante del mundo, y procedió a demostrárselo a sus alumnos del siguiente modo:

«¿Cuál es la nación más importante del mundo?»

«Francia, naturalmente», respondieron todos.

VERDAD

«¿Y cuál es la ciudad más importante de Francia?»

«París, obviamente».

«¿Y acaso no es su universidad el lugar más importante y sagrado de París? Por otra parte, ¿quién puede poner en duda que el más importante y más noble departamento de cualquier universidad es su departamento de filosofía? Y decidme: ¿quién es el jefe del departamento de filosofía?»

«Usted», dijeron todos a coro.

* * * *

El médico: «Ese dolor que siente usted en su pierna es producto de su avanzada edad».

El paciente: «¿Se cree usted que yo soy tonto? ¡La otra pierna tiene la misma edad!»

VERDAD

...ni en abstracciones...

Le dijo un discípulo a Hogen, el Maestro Zen: «Cuando yo estudiaba con mi anterior Maestro, me hice una cierta idea acerca de lo que es el Zen».

«Y bien, ¿qué idea es ésa?», le preguntó Hogen

«Cuando le pregunté al Maestro quién era Buda (con lo cual, naturalmente, preguntaba por la Realidad), él me dijo: "Ping-ting viene en busca del fuego"».

«¡Excelente respuesta!», dijo Hogen. «Pero mucho me temo que no la entendieras correctamente. Dime el significado que le diste a esas palabras».

«Bueno», dijo el discípulo, «Ping-ting es el dios del fuego. Ahora bien, decir que el dios del fuego viene en busca del fuego es tan absurdo como el hecho de que yo, cuya verdadera naturaleza es realmente Buda, pregunte quién es Buda. ¿Cómo puede alguien que en realidad es Buda, aunque lo sea inconscientemente, formular una pregunta referente a Buda?»

«¡Ajá!», dijo Hogen, «¡justamente lo que me temía! Estás completamente equivocado. ¿Por qué no me haces a mí la pregunta?»

VERDAD

«De acuerdo. ¿Quién es Buda?»

«Ping-ting viene en busca del fuego», dijo Hogen.

* * * *

El gran Gensha invitó a tomar el té a un funcionario de la corte. Tras los saludos de ritual, el funcionario dijo: «No quisiera desperdiciar esta oportunidad que se me brinda de estar con tan gran Maestro. Dígame: ¿qué significa eso que dicen de que, a pesar de que lo tenemos a diario, no lo vemos?»

Gensha ofreció al funcionario un trozo de pastel y le sirvió el té. Tras consumir ambas cosas, el funcionario, pensando que el Maestro no había escuchado su pregunta, volvió a hacerla. «¡Ah, sí!», dijo el Maestro. «Eso significa que no lo vemos, a pesar de que lo tenemos a diario».

Los que saben no hablan;
los que hablan no saben:
por eso los sabios guardan silencio.

Los inteligentes hablan;
los estúpidos discuten.

VERDAD

La Verdad es cambiante.

Un pasajero se encontraba completamente perdido por los pasillos de un gran transatlántico.

Al fin, topó con un camarero y le pidió ayuda para encontrar su camarote.

«¿Cuál es el número de su camarote, señor?», le preguntó el camarero.

«No sabría decírselo, pero lo reconocería al instante, porque había una lámpara encima de la puerta».

* * * *

VERDAD

El juez: «¿Qué edad tiene usted?»

El reo: «Veintidós años, señoría».

El juez: «Eso mismo viene diciendo usted desde hace diez años».

El reo: «Tiene usted razón, señoría. Yo no soy de esos tipos que hoy dicen una cosa y mañana la contraria».

* * * *

Una veterana actriz: «En realidad, no sé qué edad tengo, porque no deja de cambiar cada minuto».

VERDAD

La Verdad puede ser relativa.

Un turista norteamericano había salido de su país por primera vez. Al llegar al primer aeropuerto extranjero, se encontró con que tenía que elegir entre dos salidas, en una de las cuales ponía «PASAJEROS NACIONALES», mientras que en la otra ponía «EXTRANJEROS».

Sin dudarlo, se dirigió a la primera salida. Cuando, poco después, le dijeron que debería haber tomado la otra salida, él protestó: «¡Pero si yo no soy extranjero! ¡Soy norteamericano!»

* * * *

Cuando el dramaturgo inglés Oscar Wilde llegó por la noche a su club, después de asistir al estreno de una de sus obras, que había sido un completo fracaso, alguien le preguntó: «¿Cómo ha ido el estreno, Oscar?»

«¡Ah!», respondió Wilde, «la obra ha sido un enorme éxito. Lo que ha sido un fracaso ha sido el público».

VERDAD

La Verdad es concreta...

En cierta ocasión, un monje le dijo a Fuketsu:

«Una vez te oí decir algo que me desconcertó, a saber, que la verdad puede ser comunicada sin hablar y sin guardar silencio. ¿Querrías explicármelo?»

Y Fuketsu respondió:

«Cuando yo era un muchacho y vivía en el Sur de China, iah, cómo cantaban los pájaros entre las flores en primavera...!» ·

Pienso,
luego soy inconsciente.
En el momento de pensar
habito en el mundo IRREAL
de la abstracción
o del pasado
o del futuro.

VERDAD

...y, sin embargo, inconmensurable.

Una rana que siempre había vivido en un pozo se
sorprendió un día al ver allí a otra rana.

«¿De dónde has venido?», le preguntó.

«Del mar. Allí es donde vivo», respondió la otra.

«¿Y cómo es el mar? ¿Es tan grande como mi pozo?»

La rana del mar soltó una carcajada y dijo: «No hay
comparación».

La rana del pozo fingía estar interesada en lo que su
visitante tenía que decir acerca del mar, pero en su interior
pensaba: «¡De todas las ranas embusteras que he conocido
en mi vida, ésta es, sin duda, la mayor de todas... y la más
cínica!»

*¿Cómo hablarle del Océano
a una rana de pozo,
o de la Realidad
a un ideólogo?*

263

VERDAD

La Verdad es algo que, en realidad, haces tú.

Un día le dijeron los discípulos a Baal Sem: «Dinos, querido rabino, cómo hemos de servir a Dios».

Y él respondió: «¿Cómo voy a saberlo yo...?» Y a continuación les contó la siguiente historia:

«Un rey tenía dos amigos que resultaron ser culpables de un crimen y fueron condenados a muerte. Y, a pesar de que los amaba, el rey no se atrevió a concederles abiertamente el indulto, por temor a dar un mal ejemplo al pueblo. De modo que decidió que se tendiera una cuerda de un lado a otro de un profundo abismo y que cada uno de los dos hombres tratara de pasar por ella: quien lo consiguiera obtendría la libertad; y quien cayera abajo encontraría la muerte. El primero de los dos consiguió atravesar sin mayores problemas. El otro, entonces, le gritó desde el otro lado: "¡Amigo, dime cómo lo has hecho!" Y el primero le respondió: "¿Y cómo voy a saberlo? ¡Lo único que he hecho ha sido que, cuando me escoraba hacia un lado, trataba de inclinarme hacia el lado contrario!"»

No aprendas a montar en bicicleta en un aula.

* * * *

VERDAD

Un niño le pregunta a un electricista: «¿Qué es exactamente la electricidad?»

«La verdad es que no lo sé, pequeño. Pero puedo hacer que te dé luz».

* * * *

Un hombre le pidió a Bayazid que lo aceptara como discípulo.

«Si lo que buscas es la Verdad», le dijo Bayazid, «hay una serie de requisitos que respetar y unos deberes que cumplir».

«¿Y cuáles son?»

«Tendrás que acarrear agua, cortar leña, limpiar y cocinar».

«Estoy buscando la Verdad, no un empleo», dijo el hombre, a la vez que se marchaba.

* * * *

VERDAD

Poco después de que muriera el rabino Mokshe, preguntó a uno de los discípulos de éste el rabino Mendel de Kotyk: «¿Qué era a lo que tu maestro concedía mayor importancia?»

El discípulo, tras reflexionar durante unos momentos, respondió: «A lo que estuviera haciendo en ese momento».

VERDAD

La Verdad se expresa mejor en el silencio...

Bodhidharma, considerado como el primer patriarca Zen, fue el hombre que llevó el budismo de la India a China en el siglo VI. Cuando decidió regresar a su patria, reunió en torno a sí a sus discípulos chinos, con el fin de nombrar a quien debía sucederle. Para ello sometió a prueba sus poderes de percepción, haciendo a cada uno de ellos la misma pregunta: «¿Qué es la verdad?»

Respondió Dofuku: «La verdad es lo que está más allá de la afirmación y la negación». Y le dijo Bodhidharma: «Tú tienes mi misma piel».

La devota Soji respondió: «La verdad es como la visión que tuvo Anand del país de Buda: una visión que duró un instante y perduró para siempre». Y le dijo Bodhidharma: «Tú tienes mi misma carne».

VERDAD

Respondió Doiku: «Los cuatro elementos –viento, agua, tierra y fuego– están vacíos. La verdad es nada». Y le dijo Bodhidharma: «Tú tienes mis mismos huesos».

Finalmente, el Maestro miró a Eka, que hizo una profunda reverencia, sonrió y se quedó en silencio. Y le dijo Bodhidharma: «Tú tienes mi misma médula».

* * * *

El quinto patriarca Zen, Hung-Jun, escogió a Hui-Neng, de entre quinientos monjes, como su sucesor. Cuando le preguntaron por qué había hecho semejante elección, Hung-Jun dijo: «Los otros cuatrocientos noventa y nueve han demostrado una perfecta comprensión del budismo. Hui-Neng es el único que no ha comprendido nada en absoluto. Es el tipo de hombre que se sale de lo corriente. Por eso ha caído sobre él el manto de la auténtica transmisión».

VERDAD

...y exige lo que constituye el más formidable logro del espíritu humano: una mente abierta...

Cuenta la historia que, cuando Nuevo México entró a formar parte de los Estados Unidos y se celebró en el nuevo estado el primer proceso judicial, el juez que presidía la sesión había sido «cowboy» y había luchado encarnizadamente contra los indios.

El juez ocupó su asiento en el tribunal y la sesión dio comienzo. Al procesado se le acusaba de haber robado un caballo. Se dio lectura a la acusación y se oyó al demandante y a sus testigos.

Tras de lo cual, el abogado defensor se puso en pie y dijo: «Ahora, Señoría, quisiera ofrecer yo la versión de mi defendido».

Y dijo el juez: «¡Siéntese! ¡Eso no será necesario, porque no haría más que confundir al jurado!»

Si tienes un reloj,
sabes qué hora es.
Si tienes dos relojes,
nunca estarás seguro.

269

VERDAD

...y un corazón audaz.

Alguien llamaba insistentemente al corazón del «buscador».

«¿Quién es?», preguntó asustado, el pobre.

«Soy yo, la Verdad», fue la respuesta.

«No seas ridículo», dijo el buscador. «La Verdad habla en el silencio».

Aquello, efectivamente, hizo que cesaran los golpes, para alivio del buscador.

Lo que él no sabía es que los golpes eran producidos por los tremendos latidos de su corazón.

La Verdad que nos libera es casi siempre
la Verdad que preferiríamos no o'r.

Por eso, cuando decimos que algo no es verdad,
lo que demasiado a menudo queremos decir
es que no nos gusta.

VERDAD

Su claridad no necesita ser matizada a base de cortesía...

Nota explicativa de una editorial china que devuelve un manuscrito a su autor:

«Hemos examinado atentamente su manuscrito, que nos ha gustado extraordinariamente. Sin embargo, nos tememos que, si publicáramos su excepcional obra, nos sería totalmente imposible en adelante publicar cualquier otra obra que no alcanzara el altísimo nivel de ésta. Y no podemos siquiera imaginar que en los próximos cien años pueda escribirse una obra semejante. Por eso, y lamentándolo profundísimamente, nos vemos obligados a devolverle su increíble escrito y le suplicamos encarecidamente sepa perdonar nuestra cortedad de miras y nuestra pusilanimidad».

* * * *

VERDAD

...ni a base de modos culturales de expresión.

Una muchacha norteamericana que tomaba clases de baile en una antigua escuela de danza manifestaba una constante tendencia a ser ella la que «llevaba» a su pareja, lo cual solía originar protestas como: «¡Oye! ¿Quién lleva a quién: tú a mí o yo a ti?»

Un día, resultó que su pareja era un joven chino, el cual, al poco de empezar el baile, le susurró cortésmente a la muchacha: «¿No suele ser más ventajoso, por lo general, el que, a lo largo del proceso de la danza, la dama evite todo tipo de ideas preconcebidas acerca de la dirección en que debe moverse la pareja?»

VERDAD

La Verdad es encubierta a veces por la veracidad...

Dos viajantes de dos marcas rivales coinciden en el andén de una estación de ferrocarril.

«Hola».

«Hola».

Silencio.

«Adónde va usted?»

«A Calcuta».

Silencio.

«Escuche: cuando usted dice que va a Calcuta, sabe que yo voy a pensar que en realidad se dirige a Bombay. Pero resulta que yo sé que usted va realmente a Calcuta. De modo que ¿por qué no dice la verdad?»

VERDAD

...y a veces revelada por la mentira...

Un borracho que vagaba de noche por las calles de la
ciudad se cayó en una cloaca y, al ver que se hundía en
aquella repugnante inmundicia, comenzó a gritar: «¡Fuego,
fuego, fuego!»

Algunos transeúntes lo oyeron y corrieron a rescatarlo.
Una vez que lograron sacarlo de allí, le preguntaron por
qué había gritado «¡Fuego!» cuando en realidad no había
fuego.

Y él les dio esta irrefutable respuesta: «¿Habría venido
alguno de ustedes a rescatarme si yo hubiera gritado:
"¡Mierda!"?»

* * * *

Un soldado que se encontraba en el frente fue
rápidamente enviado a su casa, porque su padre se estaba
muriendo. Hicieron con él una excepción, porque él era la
única familia que tenía su padre.

Cuando entró en la Unidad de Cuidados Intensivos, se
sorprendió al comprobar que aquel anciano
semiinconsciente lleno de tubos no era su padre. Alguien
había cometido un tremendo error al enviarle a él
equivocadamente.

VERDAD

«¿Cuánto tiempo le queda de vida?», le preguntó al médico.

«Unas cuantas horas, a lo sumo. Ha llegado usted justo a tiempo».

El soldado pensó en el hijo de aquel hombre moribundo, que estaría luchando sabe Dios a cuántos kilómetros de allí. Luego pensó que aquel anciano estaría aferrándose a la vida con la única esperanza de poder ver a su hijo una última vez, antes de morir. Entonces se decidió: se inclinó hacia el moribundo, tomó una de sus manos y le dijo dulcemente: «Papá, estoy aquí; he vuelto».

El anciano se agarró con fuerza a la mano que se le ofrecía; sus ojos sin vida se abrieron para echar un último vistazo a su entorno; una sonrisa de satisfacción iluminó su rostro, y así permaneció hasta que, al cabo de casi una hora, falleció pacíficamente.

VERDAD

...pero siempre tiene sus riesgos.

En una pequeña ciudad se produjo un accidente de tráfico. En torno a la víctima se apiñó tanta gente que un periodista que pasaba por allí no conseguía acercarse lo suficiente para verlo.

Entonces tuvo una idea: «¡Déjenme pasar, por favor!», empezó a decir mientras se abría paso a codazos. «Soy el padre de la víctima».

La gente le dejó pasar para que pudiera acercarse al lugar del accidente y descubrir, abochornado, que la víctima era un mono.